KÄSITÖÖDE ANTIPASTO SALATITE KOKARAAMAT

100 Antipasto salati inspiratsiooni Itaalia, Kreeka ja kaugemalgi rannikult

Indrek Vaher

Autoriõigus materjal ©2024

Kõik õigused kaitstud

Ühtegi selle raamatu osa ei tohi mingil kujul ega vahenditega kasutada ega edastada ilma kirjastaja ja autoriõiguse omaniku nõuetekohase kirjaliku nõusolekuta, välja arvatud ülevaates kasutatud lühikesed tsitaadid. Seda raamatut ei tohiks pidada meditsiiniliste, juriidiliste või muude professionaalsete nõuannete asendajaks.

SISUKORD

SISUKORD **3**
SISSEJUHATUS **6**
KALA- JA MEREANDIDE SALATID **7**
   1. Antipasto tuunikala salat 8
   2. Vahemere tuunikala antipasto salat 10
   3. Vahemere mereandide antipasto salat 12
   4. Itaalia krevettide ja kammkarpide antipasto salat 14
   5. Suitsulõhe ja avokaado Antipasto salat 16
   6. Grillitud kaheksajala ja kartuli antipasto salat 18
VEGGIE SALATID **20**
   7. Itaalia Antipasto salatikauss 21
   8. Grillitud köögiviljade antipasto salat 23
   9. Värske aia antipasto salat 25
   10. Kreekast inspireeritud antipasto salat 27
   11. Caprese Antipasto salat 29
VILULIHASALATID **31**
   12. Toscana antipasto salat 32
   13. Peo antipasto salat 34
   14. Antipasto eelroog juustulaud 36
   15. Antipasto Wontoni salat 38
   16. Hispaania Chorizo ja Manchego Antipasto salat 40
   17. Prantsuse Charcuterie Antipasto salat 42
   18. Kreekast inspireeritud vinnutatud liha antipasto salat 44
   19. Rustic Charcuterie Antipasto salat 46
   20. Antipasto salat prosciutto mähitud meloniga ... 48
PASTA SALATID **50**
   21. Maitsev Cheddar Fusilli salat 51
   22. Itaalia külma pasta salat salaamiga 53
   23. Türgi ja jõhvika külma pasta salat 55
   24. Külm pastasalat singi ja Cheddariga 57
   25. Kana Caesari külma pasta salat 59
   26. Kreeka Orzo pastasalat Gyro lihaga 61
   27. Rostbiifi ja Cheddari pasta salat 63
   28. Peekoni rantšo külm kanapasta salat 65
   29. Itaalia antipasto pasta salat 67
   30. Suitsutatud kalkuni ja avokaado pasta salat 69
   31. Grillivorsti ja köögiviljapasta salat 71
   32. Krevettide ja avokaado külma pasta salat 73
   33. Pastrami ja Šveitsi külma pasta salat 75
   34. Tuunikala ja valge oa külma pasta salat 77

35. BBQ Kana ja maisi pasta salat 79
36. Itaalia vorsti- ja paprikapasta salat 81
37. Copycat Ruby teisipäeva pastasalat 83
38. Juustune Pepperoni Rotini salat 85
39. Gorgonzola pasta salat 87
40. Romano Linguine pastasalat 89
41. Minty Feta ja Orzo salat 91
42. Pähklik Gorgonzola pastasalat 93
43. Värske sidrunipasta salat 95
44. Kolme juustu tortellini salat 97
45. Pesto ja päikesekuivatatud tomati Penne salat 99
46. Cheddari ja brokkoli Bowtie pastasalat 101
47. Grillitud tofu ja seesami nuudli salat 103
48. Grillitud kammkarbi ja sparglipasta salat 105
49. Tuunikala ja artišoki pasta salat 107
50. Krevettide ja avokaado pasta salat 109
51. Suitsulõhe ja tilli pasta salat 111
52. Krabi ja mango pastasalat 113
53. Troopiliste puuviljade ja krevettide pastasalat 115
54. Marja- ja fetapasta salat 117
55. Tsitrusviljade ja avokaado pasta salat 119
56. Arbuusi ja feta pasta salat 121
57. Mango ja musta oa pastasalat 123
58. Õuna- ja pähklipasta salat 125
59. Ananassi ja singi pasta salat 127
60. Tsitrusviljade pasta salat 129
61. Kiivi, maasika ja Rotini pasta salat 131
62. Mangosalsa Farfalle pastasalatiga 133
63. Virsiku ja Prosciutto pasta salat 135
64. Mustika ja kitsejuustu pastasalat 137
65. Spinati, herne, vaarika ja spiraalpasta salat 139
66. Mandariini ja mandli pasta salat 141
67. Kammkarbi ja spargli pasta salat 143
68. Sidruni küüslaugu krevetid ja Orzo salat 145
69. Küüslaugu-seene fusilli pirnisalatiga 147
70. Vahemere köögiviljapasta salat 149
71. Pesto köögivilja spiraalne pasta salat 151
72. Vikerkaare köögiviljapasta salat 153
73. Aasia seesami köögiviljade nuudlisalat 155
74. Kreeka Orzo köögiviljasalat 157
75. Röstitud köögiviljade ja kikerhernepasta salat 159
76. Spinati ja artišoki külma pasta salat 161
77. Tai maapähkli-köögivilja-nuudlisalat 163
78. Caesari köögiviljapasta salat 165

79. Homaari ja mango pastasalat 167
80. Vahemere Tzatziki krevettide pastasalat 169
81. Krevettide ja kirsstomatipasta salat 171
82. Pähklik tuunikala ja pasta salat 174
83. Kana pakkumised ja Farfalle salat 176
84. Kreemjas Penn Pasta salat 178
85. Feta ja röstitud kalkuni salat 180
86. Pähkliline kanapasta salat 182
87. Kana Caesari pasta salat 184
88. Kalkuni- ja jõhvikapasta salat 186
89. Sidruniürdiga grillitud kanapasta salat 188
90. Rantšo kana ja peekoni pasta salat 190
91. Karri kana ja mango pasta salat 192
92. Kreeka kana ja Orzo salat 194
93. Kana ja musta oa pastasalat 196
94. Mango karri kana pasta salat 198
95. Caprese kana pesto pasta salat 200
96. Aasia seesami-kana nuudli salat 202
97. Sidruniürdi kalkuni- ja sparglipasta salat 204
98. Kana ja brokkoli Pesto pasta salat 206
99. Buffalo kana pasta salat 208
100. Jõhvika-pähkli-kanapasta salat 210

KOKKUVÕTE 212

SISSEJUHATUS

Tere tulemast raamatusse "KÄSITÖÖDE ANTIPASTO SALATITE KOKARAAMAT: 100 Antipasto salati inspiratsiooni Itaalia, Kreeka ja kaugemalgi rannikult". Antipasto salatid tähistavad Vahemere maitseid, ühendades värsked koostisosad, erksad värvid ja julged maitsed, et luua kulinaarne elamus, mis on nii rahuldav kui ka värskendav. Selles kokaraamatus kutsume teid ette reisima läbi Itaalia, Kreeka ja kaugema rannikuala, uurides rikkalikku maitsevaiba, mis iseloomustab seda armastatud rooga.

Itaalia sõnadest "anti" (enne) ja "pasto" (söök) pärinev antipasto viitab traditsiooniliselt valikule väikestest eelroogadest, mida serveeritakse enne pearooga. Kuid viimastel aastatel on kontseptsioon arenenud, hõlmates erinevaid salateid, mis tutvustavad Vahemere sahvri parimaid koostisosi. Teravatest oliividest ja kreemjatest juustudest soolase vinnutatud liha ja krõbedate köögiviljadeni – antipasto salatid pakuvad maitsete ja tekstuuride sümfooniat, mis on sama rahuldav kui ka maitsev.

Sellest kokaraamatust leiate mitmekesise hulga antipasto-salatite inspiratsiooni, mis ammutavad inspiratsiooni Itaalia, Kreeka ja kaugematest kulinaarsetest traditsioonidest. Iga retsept on hoolikalt välja töötatud, et tuua esile vastava piirkonna ainulaadsed maitsed ja koostisosad, pakkudes maitset päikesepaistest rannikutest ja elavatest turgudest, mis inspireerivad Vahemere kööki.

Olenemata sellest, kas korraldate suvist grilli, pakkite piknikut randa või ihkate lihtsalt kerget ja värskendavat einet, selle kokaraamatu retseptid rõõmustavad kindlasti teie maitsemeeli ja viivad teid iga suutäiega kaugele maale. Seega haara põll ja valmistu kulinaarseks seikluseks, mis tähistab antipasto salatite kunstilisust ja Vahemere erksaid maitseid.

KALA- JA MEREANDIDE SALATID

1.Antipasto tuunikala salat

KOOSTISOSAD:
- 1/2 tassi tavalist jogurtit
- 1/3 tassi majoneesi
- 1/4 tassi hakitud basiilikut
- 1/4 tl pipart
- 1/2 inglise kurki
- 1 paprika
- 2 tassi kirsstomateid; pooleks
- 1 1/2 tassi bocconcini pärleid
- 1/2 tassi rohelisi oliive pimentoga
- 2 spl nõrutatud ja tükeldatud marineeritud kuuma paprikat
- 2 purki tükeldatud tuunikala, nõrutatud
- Salati rohelised

JUHISED:
a) Segage suures kausis jogurt, majonees, basiilik ja pipar.
b) Sega korralikult läbi.
c) Lisa kurk, paprika, tomatid, bocconcini, oliivid ja terav paprika.
d) Viska mantlile.
e) Segage kahvli abil õrnalt tuunikala, jättes selle hammustuse suurusteks tükkideks.
f) Serveeri roheliste peal.

2.Vahemere tuunikala antipasto salat

KOOSTISOSAD:
- 1 purk ube (kikerherned, mustsilmsed herned või cannellini oad), loputatud
- 2 purki või pakki vett pakitud tuunitükk, nõrutatud ja helvestatud
- 1 suur punane paprika, peeneks hakitud
- 1/2 tassi peeneks hakitud punast sibulat
- 1/2 tassi hakitud värsket peterselli, jagatud
- 4 tl kappareid, loputatud
- 1 1/2 teelusikatäit peeneks hakitud värsket rosmariini
- 1/2 tassi sidrunimahla, jagatud
- 4 spl ekstra neitsioliiviõli, jagatud
- Värskelt jahvatatud pipar maitse järgi
- 1/4 teelusikatäit soola
- 8 tassi segatud salatirohelist

JUHISED:
a) Sega keskmises kausis oad, tuunikala, paprika, sibul, petersell, kapparid, rosmariin, 1/4 tassi sidrunimahla ja 2 supilusikatäit õli.
b) Maitsesta pipraga.
c) Kombineerige ülejäänud 1/4 tassi sidrunimahla, 2 supilusikatäit õli ja soola suures kausis.
d) Lisa salatiroheline; viska mantlile.
e) Jagage rohelised 4 taldrikule ja lisage igale tuunikalasalatile.

3.Vahemere mereandide antipasto salat

KOOSTISOSAD:
- 1 tass keedetud ja jahutatud krevette, kooritud ja tükeldatud
- 1 tass marineeritud artišokisüdameid, neljaks lõigatud
- 1/2 tassi kalamarirõngaid, keedetud ja jahutatud
- 1/2 tassi kaheksajalg, keedetud ja hammustussuurusteks tükkideks lõigatud
- 1/2 tassi kirsstomateid, poolitatud
- 1/4 tassi musti oliive, kivideta
- 1/4 tassi rohelisi oliive, kivideta
- 1/4 tassi röstitud punast paprikat, viilutatud
- 1/4 tassi õhukeselt viilutatud punast sibulat
- 2 spl kapparit, nõrutatud
- Värske petersell, hakitud (kaunistuseks)
- Sidruniviilud (serveerimiseks)

RIIDEMINE:
- 1/4 tassi ekstra neitsioliiviõli
- 2 spl punase veini äädikat
- 1 tl Dijoni sinepit
- 1 küüslauguküüs, hakitud
- Sool ja pipar maitse järgi
- Näputäis kuivatatud oreganot

JUHISED:
a) Segage suures segamiskausis krevetid, artišokisüdamed, kalmarid, kaheksajalad, kirsstomatid, mustad ja rohelised oliivid, röstitud punane paprika, punane sibul ja kapparid.
b) Kastme valmistamiseks vispelda väikeses kausis oliiviõli, punase veini äädikas, Dijoni sinep, hakitud küüslauk, sool, pipar ja pune.
c) Valage kaste mereandide segule ja segage õrnalt, et see kataks ühtlaselt.
d) Tõsta vähemalt 30 minutiks külmkappi, et maitsed seguneksid.
e) Serveeri jahutatult, värske peterselliga kaunistatud ja sidruniviiludega.

4. Itaalia krevettide ja kammkarpide antipasto salat

KOOSTISOSAD:
- 1 tass keedetud ja jahutatud krevette, kooritud ja tükeldatud
- 1 tass keedetud ja jahutatud kammkarpe, poolitatud, kui need on suured
- 1 tass kuubikuteks lõigatud kurki
- 1/2 tassi poolitatud kirsstomateid
- 1/2 tassi õhukeselt viilutatud apteegitilli sibulat
- 1/4 tassi viilutatud rediseid
- 1/4 tassi punast sibulat, õhukeselt viilutatud
- Värsked basiilikulehed, rebitud (kaunistuseks)

RIIDEMINE:
- 1/4 tassi ekstra neitsioliiviõli
- 2 spl sidrunimahla
- 1 tl mett
- 1 väike küüslauguküüs, hakitud
- Sool ja jahvatatud must pipar maitse järgi
- 1 sidruni koor

JUHISED:
a) Segage suures salatikausis krevetid, kammkarbid, kurk, kirsstomatid, apteegitill, redis ja punane sibul.
b) Kastme valmistamiseks vispelda väikeses kausis kokku oliiviõli, sidrunimahl, mesi, küüslauk, sool, pipar ja sidrunikoor.
c) Nirista kaste mereandide ja köögiviljade segule, sega õrnalt segamini.
d) Enne serveerimist lase salatil umbes 20 minutit külmkapis taheneda.
e) Vahetult enne serveerimist kaunista värske basiilikuga.

5.Suitsulõhe ja avokaado Antipasto salat

KOOSTISOSAD:
- 2 tassi segatud rohelisi (nagu rukola ja spinat)
- 4 untsi suitsulõhet, õhukeselt viilutatud
- 1 avokaado, viilutatud
- 1/2 kurki, ribadeks viilutatud
- 1/4 tassi punast sibulat, õhukeselt viilutatud
- 2 spl kapparit, nõrutatud
- Kaunistuseks värske till

JUHISED:
a) Laota segatud rohelised vaagnale või suurde kaussi salati põhjaks.
b) Kõige peale pane suitsulõhe viilud, avokaadoviilud, kurgipaelad, punane sibul ja kapparid.
c) Kastme valmistamiseks vahustage väikeses kausis oliiviõli, sidrunimahl, mesi, sool ja pipar.
d) Nirista kaste salatile vahetult enne serveerimist.
e) Kaunista värske tilliga. Serveeri kohe, et nautida värskeid maitseid.

6.Grillitud kaheksajala ja kartuli antipasto salat

KOOSTISOSAD:
- 1 nael kaheksajalg, puhastatud ja eelküpsetatud, kuni see on pehme
- 1 nael väikesed kartulid, keedetud pehmeks ja poolitatud
- 1/4 tassi ekstra neitsioliiviõli, lisaks veel grillimiseks
- 1/2 sidrunit, mahl
- 2 küüslauguküünt, hakitud
- 1 tl suitsupaprikat
- 1/4 tassi peterselli, hakitud
- Sool ja värskelt jahvatatud must pipar maitse järgi

JUHISED:
a) Eelsoojendage oma grill keskmisel kuumusel. Viska eelküpsetatud kaheksajalg üle vähese oliiviõli, soola ja pipraga.
b) Grilli kaheksajalga umbes 2-3 minutit mõlemalt poolt, kuni see on söestunud ja krõbe. Laske veidi jahtuda, seejärel lõigake suupärasteks tükkideks.
c) Sega suures kausis kokku grillitud kaheksajalg, keedetud kartulid, oliiviõli, sidrunimahl, hakitud küüslauk, suitsupaprika ja petersell. Viska kombineerimiseks.
d) Maitsesta soola ja pipraga maitse järgi.
e) Serveeri salatit soojalt või toasoojalt, soovi korral lisa peterselliga.

VEGGIE SALATID

7.Itaalia Antipasto salatikauss

KOOSTISOSAD:
- 6 untsi artišokisüdameid
- 8-3/4 untsi purki garbanzo ube, nõrutatud
- 8-3/4 untsi purki kuivatatud punaseid ube
- 6–1/2 untsi võib tuunikala vees süüdata, nõrutatuna ja helvestades
- 1/2 magusat punast sibulat, õhukeselt viilutatud
- 3 spl Itaalia salatikastet
- 1/2 tassi sellerit, õhukeselt viilutatud
- 6 tassi segatud salatit
- 2 untsi anšoovist, nõrutatud
- 3 untsi kuiva salaamit, lõigatud õhukesteks ribadeks
- 2 untsi Fontina juustu, kuubikuteks lõigatud
- Garneeringuks marineeritud punane ja roheline paprika

JUHISED:
a) Sega artišokk ja marinaad ubade, tuunikala, sibula ja 2 spl pudelikastmega.
b) Kata kaanega ja pane 1 tunniks või kauemaks külmkappi, et maitsed seguneksid.
c) Sega suures salatikausis kergelt marineeritud segu selleri ja salatirohelisega.
d) Vajadusel sega juurde veel veidi pudelikastet.
e) Asetage peale anšoovised, salaami ja juust ning seejärel kaunistage paprikatega. Serveeri kohe.

8.Grillitud köögiviljade antipasto salat

KOOSTISOSAD:
- 2 keskmist suvikõrvitsat, pikuti viilutatud
- 2 paprikat (erinevat värvi), poolitatud ja seemnetega
- 1 suur baklažaan, viilutatud ringideks
- 1 punane sibul, viilutatud paksudeks rõngasteks
- 1 tass kirsstomateid
- 1/4 tassi värskeid basiiliku lehti, rebitud
- 1/4 tassi Kalamata oliive, kivideta ja poolitatud
- 2 spl kapparit, nõrutatud
- Sool ja must pipar maitse järgi
- Ekstra neitsioliiviõli, grillimiseks

RIIDEMINE:
- 1/4 tassi ekstra neitsioliiviõli
- 2 spl palsamiäädikat
- 1 küüslauguküüs, hakitud
- 1 tl Dijoni sinepit
- Sool ja värskelt jahvatatud must pipar maitse järgi

JUHISED:
a) Eelkuumuta grill keskmisele-kõrgele kuumusele.
b) Pintselda köögiviljad oliiviõliga ning maitsesta soola ja pipraga.
c) Grilli köögivilju pehmeks ja kergelt söestunud, suvikõrvitsa, paprika ja baklažaani puhul umbes 4–5 minutit ning sibularõngaste puhul umbes 2–3 minutit.
d) Eemaldage köögiviljad grillilt ja laske neil veidi jahtuda. Seejärel lõigake need hammustuse suurusteks tükkideks.
e) Sega suures kausis grillitud köögiviljad, kirsstomatid, rebitud basiilikulehed, oliivid ja kapparid.
f) Kastme valmistamiseks vispelda väikeses kausis oliiviõli, palsamiäädikas, hakitud küüslauk, Dijoni sinep, sool ja pipar.
g) Vala kaste salatile ja viska õrnalt katteks.
h) Serveeri toatemperatuuril või jahutatult, soovi korral kaunistades täiendavaid basiilikulehti.

9.Värske aia antipasto salat

KOOSTISOSAD:
- 2 tassi segatud salatirohelist (nagu rukola, spinat ja salat)
- 1 tass kirsstomateid, poolitatud
- 1 tass kurki, tükeldatud
- 1 tass kuubikuteks lõigatud paprikat (erinevat värvi).
- 1/2 tassi punast sibulat, õhukeselt viilutatud
- 1/4 tassi kivideta rohelisi oliive, poolitatud
- 1/4 tassi murendatud fetajuustu
- 2 spl hakitud värsket basiilikut
- Sool ja must pipar maitse järgi

JUHISED:
a) Sega suures salatikausis segatud salatirohelised, kirsstomatid, kuubikuteks lõigatud kurk, kuubikuteks lõigatud paprika, õhukeselt viilutatud punane sibul ja poolitatud rohelised oliivid.
b) Puista salatile murendatud fetajuust.
c) Lisa peale hakitud värske basiilik.
d) Maitsesta soola ja musta pipraga maitse järgi.
e) Loksutage õrnalt, et kõik koostisosad seguneksid ja maitsed ühtlaselt jaotuks.
f) Serveeri kohe värskendava ja särtsaka eelroana või lisandina. Nautige aia värsket maitset igas suutäies!

10.Kreekast inspireeritud antipasto salat

KOOSTISOSAD:
- 1 tass kirsstomateid, poolitatud
- 1 kurk, tükeldatud
- 1 paprika (mis tahes värvi), kuubikuteks
- 1 tass Kalamata oliive, kivideta
- 1/2 tassi punast sibulat, õhukeselt viilutatud
- 1 tass fetajuustu, purustatud
- 1/4 tassi värsket peterselli, hakitud
- 1/4 tassi ekstra neitsioliiviõli
- 2 spl punase veini äädikat
- 1 tl kuivatatud pune
- Sool ja pipar maitse järgi

JUHISED:
a) Sega suures kausis kirsstomatid, kurk, paprika, oliivid, punane sibul, fetajuust ja petersell.
b) Kastme valmistamiseks vispelda väikeses kausis oliiviõli, punase veini äädikas, kuivatatud pune, sool ja pipar.
c) Vala kaste salatile ja viska õrnalt katteks.
d) Serveeri kohe või jahuta umbes 30 minutit külmikus, et maitsed sulaksid.

11. Caprese Antipasto salat

KOOSTISOSAD:
- 2 tassi kirsstomateid, poolitatud
- 2 tassi mini mozzarella pallikesi (bocconcini)
- 1/4 tassi värskeid basiiliku lehti, rebitud
- 2 spl ekstra neitsioliiviõli
- 1 spl palsamiäädikat
- Sool ja pipar maitse järgi

JUHISED:
a) Sega suures kausis kokku kirsstomatid, minimozzarellapallid ja rebitud basiilikulehed.
b) Nirista salatile oliiviõli ja palsamiäädikat.
c) Maitsesta soola ja pipraga maitse järgi.
d) Segamiseks segage õrnalt.
e) Serveeri kohe või hoia enne serveerimist kuni 30 minutit külmkapis, et maitsed seguneksid.

VILULIHASALATID

12.Toscana antipasto salat

KOOSTISOSAD:
- Prosciutto
- salaami
- Marineeritud artišokisüdamed
- Oliivid (rohelised ja mustad)
- Päikesekuivatatud tomatid
- Värsked mozzarella pallid
- Grillitud saiaviilud

JUHISED:
a) Laota kõik koostisosad suurele vaagnale.
b) Serveeri grillitud saiaviiludega.
c) Nirista ekstra neitsioliiviõli ja puista üle värskete maitsetaimedega.

13.Peo antipasto salat

KOOSTISOSAD:
- 1 purk (16 untsi) artišokisüdamed; nõrutatud/poolitatud
- 1 nael Külmutatud rooskapsas
- ¾ naela kirsstomatid
- 1 purk (5 3/4 untsi) rohelisi Hispaania oliive; kuivendatud
- 1 purk (12 untsi) pepperoncini paprikat; kuivendatud
- 1 nael värskeid seeni; puhastatud
- 1 purk (16 untsi) peopesasüdamed; valikuline
- 1 nael Pepperoni või salaami; kuubikud
- 1 purk (16 untsi) musti oliive; kuivendatud
- ¼ tassi Punase veini äädikas
- ¾ tassi Oliiviõli
- ½ teelusikatäit Suhkur
- 1 teelusikatäis Dijoni sinep
- sool; maitsta
- Värskelt jahvatatud pipar; maitsta

JUHEND :
a) Enne vinegreti lisamist segage kõik koostisosad.
b) Hoia külmkapis 24 tundi.

14.Antipasto eelroog juustulaud

KOOSTISOSAD:
- Erinevad vinnutatud lihad (nt prosciutto, salaami või capicola)
- Erinevad juustud (nt mozzarella, provolone või Asiago)
- Marineeritud artišokisüdamed
- Marineeritud oliivid
- Röstitud punane paprika
- Grillitud või marineeritud köögiviljad (nt suvikõrvits või baklažaan)
- Asortii leib või saiapulgad
- Balsamico glasuur või reduktsioon tilgutamiseks
- Kaunistuseks värsket basiilikut või peterselli

JUHISED:
a) Asetage soolatud liha suurele serveerimislauale või vaagnale.
b) Asetage erinevad juustud liha kõrvale.
c) Lisa lauale marineeritud artišokisüdamed, marineeritud oliivid ja röstitud punane paprika.
d) Lisage maitse ja mitmekesisuse suurendamiseks grillitud või marineeritud köögivilju.
e) Pakkuge külalistele liha ja juustu kõrvale erinevaid leiba või saiapulki.
f) Piserdage koostisainetele balsamico glasuuri või redutseerimist, et saada vürtsikas ja magus puudutus.
g) Värskuse ja välimuse lisamiseks kaunistage värske basiiliku või peterselliga.
h) Serveeri ja naudi!

15.Antipasto Wontoni salat

KOOSTISOSAD:
- 4 tassi segatud rohelisi
- 1/4 tassi viilutatud salaamit
- 1/4 tassi viilutatud pepperoni
- 1/4 tassi viilutatud provolone juustu
- 1/4 tassi viilutatud röstitud punast paprikat
- 8 wontoni ümbrist, praetud ja tükeldatud

RIIDEMINE:
- 2 spl punase veini äädikat
- 1 spl oliiviõli
- 1 küüslauguküüs, hakitud
- Sool ja pipar maitse järgi

JUHISED:
a) Segage suures kausis segatud rohelised, viilutatud salaami, viilutatud pepperoni, viilutatud provolone juust ja viilutatud röstitud punane paprika.
b) Kastme valmistamiseks vispelda väikeses kausis punase veini äädikas, oliiviõli, hakitud küüslauk, sool ja pipar.
c) Vala kaste salatile ja sega ühtlaseks.
d) Kõige peale hakitud praetud wontonid.
e) Serveeri kohe.

16.Hispaania Chorizo ja Manchego Antipasto salat

KOOSTISOSAD:
- 4 tassi segatud salatirohelist (nagu beebispinat ja rukola)
- 1 tass kirsstomateid, poolitatud
- 1/2 tassi viilutatud röstitud punast paprikat
- 1/4 tassi viilutatud Hispaania oliive
- 1/4 tassi õhukeselt viilutatud punast sibulat
- 4 untsi õhukeseks viilutatud Hispaania chorizo
- 4 untsi õhukeselt viilutatud Manchego juustu
- 1/4 tassi röstitud mandleid
- Sool ja must pipar maitse järgi

RIIDEMINE:
- 1/4 tassi ekstra neitsioliiviõli
- 2 spl šerri äädikat
- 1 tl mett
- 1 küüslauguküüs, hakitud
- Sool ja värskelt jahvatatud must pipar maitse järgi

JUHISED:
a) Sega suures salatikausis segatud salatirohelised, kirsstomatid, röstitud punased paprikad, Hispaania oliivid ja õhukeselt viilutatud punane sibul.
b) Laota salati peale õhukesteks viiludeks lõigatud Hispaania chorizo ja Manchego juust.
c) Puista salatile röstitud mandleid.
d) Kastme valmistamiseks vispelda väikeses kausis oliiviõli, šerriäädikas, mesi, hakitud küüslauk, sool ja pipar.
e) Nirista kaste salatile vahetult enne serveerimist.
f) Loksutage õrnalt, et kõik koostisosad oleks kastmega kaetud.
g) Serveerige kohe Hispaaniast inspireeritud antipasto-salatina koos veetleva maitsete seguga.

17.Prantsuse Charcuterie Antipasto salat

KOOSTISOSAD:
- 4 tassi segatud salatirohelist (nt frisée ja mâche)
- 1 tass viinamarjatomateid, poolitatud
- 1/2 tassi marineeritud artišokisüdameid, neljaks lõigatud
- 1/4 tassi Niçoise oliive
- 1/4 tassi õhukeselt viilutatud punast sibulat
- 4 untsi õhukeselt viilutatud prantsuse sinki (jambon)
- 4 untsi õhukeselt viilutatud saucisson sec (kuivvorst)
- 1/4 tassi murendatud kitsejuustu
- Sool ja must pipar maitse järgi

RIIDEMINE:
- 1/4 tassi ekstra neitsioliiviõli
- 2 spl punase veini äädikat
- 1 tl Dijoni sinepit
- 1 šalottsibul, hakitud
- Sool ja värskelt jahvatatud must pipar maitse järgi

JUHISED:
a) Segage suures salatikausis segatud salatirohelised, viinamarja tomatid, marineeritud artišokisüdamed, Niçoise'i oliivid ja õhukeselt viilutatud punane sibul.
b) Laota salati peale õhukesteks viiludeks lõigatud prantsuse sink ja saucisson sec.
c) Puista salatile murendatud kitsejuust.
d) Kastme valmistamiseks vispelda väikeses kausis oliiviõli, punase veini äädikas, Dijoni sinep, hakitud šalottsibul, sool ja pipar.
e) Nirista kaste salatile vahetult enne serveerimist.
f) Loksutage õrnalt, et kõik koostisosad oleks kastmega kaetud.
g) Serveerige kohe Prantsuse inspireeritud antipasto-salatina, millel on erinevad maitsed.

18. Kreekast inspireeritud vinnutatud liha antipasto salat

KOOSTISOSAD:
- 4 tassi segatud salatirohelist (nagu rooma ja jääsalat)
- 1 tass kirsstomateid, poolitatud
- 1/2 tassi kurki, tükeldatud
- 1/2 tassi punast paprikat, tükeldatud
- 1/4 tassi punast sibulat, õhukeselt viilutatud
- 1/4 tassi Kalamata oliive, kivideta
- 4 untsi õhukeselt viilutatud Kreeka salaamit
- 4 untsi õhukeselt viilutatud güroliha või grillitud kanaribasid
- 1/4 tassi murendatud fetajuustu
- Sool ja must pipar maitse järgi

RIIDEMINE:
- 1/4 tassi ekstra neitsioliiviõli
- 2 spl punase veini äädikat
- 1 tl kuivatatud pune
- 1 küüslauguküüs, hakitud
- Sool ja värskelt jahvatatud must pipar maitse järgi

JUHISED:
a) Sega suures salatikausis segatud salatirohelised, kirsstomatid, kuubikuteks lõigatud kurk, kuubikuteks lõigatud punane paprika, õhukeselt viilutatud punane sibul ja Kalamata oliivid.
b) Laota salati peale õhukesteks viiludeks lõigatud Kreeka salaami ja güroliha või grillkana ribad.
c) Puista salatile murendatud fetajuust.
d) Kastme valmistamiseks vispelda väikeses kausis oliiviõli, punase veini äädikas, kuivatatud pune, hakitud küüslauk, sool ja pipar.
e) Nirista kaste salatile vahetult enne serveerimist.
f) Loksutage õrnalt, et kõik koostisosad oleks kastmega kaetud.
g) Serveeri kohe Kreekast inspireeritud antipasto salatina, millel on julged maitsed ja Vahemere hõng.

19.Rustic Charcuterie Antipasto salat

KOOSTISOSAD:
- 4 tassi segatud salatirohelist (nt mescluni segu või beebikapsas)
- 1 tass pärandkirsstomateid, poolitatud
- 1/2 tassi marineeritud artišokisüdameid, neljaks lõigatud
- 1/4 tassi kivideta segaoliive (nt rohelised, mustad ja Kalamata)
- 1/4 tassi viilutatud röstitud punast paprikat
- 4 untsi õhukeselt viilutatud coppa või capicola
- 4 untsi õhukeselt viilutatud soppressata või pepperoni
- 1/4 tassi hakitud parmesani juustu
- Sool ja must pipar maitse järgi

RIIDEMINE:
- 1/4 tassi ekstra neitsioliiviõli
- 2 spl palsamiäädikat
- 1 tl mett
- 1 tl Dijoni sinepit
- Sool ja värskelt jahvatatud must pipar maitse järgi

JUHISED:
a) Segage suures salatikausis segatud salatirohelised, pärandkirsstomatid, marineeritud artišokisüdamed, segatud oliivid ja viilutatud röstitud punane paprika.
b) Laota salati peale õhukesteks viiludeks lõigatud coppa või capicola ja soppressata või pepperoni.
c) Puista salatile riivitud parmesani juust.
d) Kastme valmistamiseks vispelda väikeses kausis oliiviõli, palsamiäädikas, mesi, Dijoni sinep, sool ja pipar.
e) Nirista kaste salatile vahetult enne serveerimist.
f) Loksutage õrnalt, et kõik koostisosad oleks kastmega kaetud.
g) Serveerige kohe maalähedase antipasto-salatina, millel on tugevad maitsed ja kastme magusus.

20.Antipasto salat prosciutto mähitud meloniga

KOOSTISOSAD:
- 4 tassi segatud salatirohelist (nagu võisalat ja beebispinat)
- 1 tass meloni- või melonipallikesi
- 1/2 tassi kirsstomateid, poolitatud
- 1/4 tassi õhukeselt viilutatud punast sibulat
- 1/4 tassi marineeritud artišokisüdameid, neljaks lõigatud
- 1/4 tassi kivideta musti oliive
- 4 untsi õhukeseks viilutatud prosciutto
- 1/4 tassi murendatud kitsejuustu
- Sool ja must pipar maitse järgi

RIIDEMINE:
- 1/4 tassi ekstra neitsioliiviõli
- 2 spl valget palsamiäädikat
- 1 tl mett
- 1 tl Dijoni sinepit
- Sool ja värskelt jahvatatud must pipar maitse järgi

JUHISED:
a) Sega suures salatikausis omavahel segatud salatirohelised, meloni- või melonipallid, kirsstomatid, õhukeselt viilutatud punane sibul, marineeritud artišokisüdamed ja kivideta mustad oliivid.
b) Mähi iga melonipall prosciutto viiluga.
c) Laota prosciuttosse keeratud melonipallid salati peale.
d) Puista salatile murendatud kitsejuust.
e) Kastme valmistamiseks vispelda väikeses kausis oliiviõli, valge palsamiäädikas, mesi, Dijoni sinep, sool ja pipar.
f) Nirista kaste salatile vahetult enne serveerimist.
g) Loksutage õrnalt, et kõik koostisosad oleks kastmega kaetud.
h) Serveeri kohe elegantse antipasto-salatina, milles on meeldivalt kombineeritud magusaid ja soolaseid maitseid.

PASTA SALATID

21.Maitsev Cheddar Fusilli salat

KOOSTISOSAD:
- 2 supilusikatäit oliiviõli
- 6 rohelist sibulat, hakitud
- 1 tl soola
- 3/4 tassi hakitud marineeritud jalapeno paprikat
- 1 (16 untsi) pakend fusilli pasta
- 1 (2,25 untsi) võib viilutada musti oliive
- 2 naela ekstra lahja veisehakkliha
- 1 (1,25 untsi) pakend taco maitseainesegu
- 1 (8 untsi) pakend riivitud Cheddari juustu
- 1 (24 untsi) purk mahedat salsat
- 1 (8 untsi) pudeli rantšo kaste
- 1 1/2 punast paprikat, tükeldatud

JUHISED:
a) Asetage suur pott keskmisele kuumusele. Täida see veega ja sega sinna oliiviõli soolaga.
b) Küpseta, kuni see hakkab keema.
c) Lisa pasta ja keeda 10 min. Eemaldage see veest ja asetage see nõrguma.
d) Asetage suur pann keskmisele kuumusele. Pruunista selles veiseliha 12 minutit. Visake üleliigne rasv ära.
e) Lisa taco maitseaine ja sega need korralikult läbi. Kuumuse täielikuks kaotamiseks asetage segu kõrvale.
f) Hankige suur segamiskauss: segage selles salsa, rantšo kaste, paprika, roheline sibul, jalapenod ja mustad oliivid.
g) Lisa pasta keedetud veiseliha, Cheddari juustu ja kastmeseguga. Segage neid hästi. Asetage salatikaussi peale kilega tükk. Aseta 1 h 15 min külmkappi.

22.Itaalia külma pasta salat salaamiga

KOOSTISOSAD:
- 2 tassi rotini pasta, keedetud ja jahutatud
- 1/2 naela salaamit, viilutatud ja hammustussuurusteks tükkideks lõigatud
- 1 tass kirsstomateid, poolitatud
- 1/2 tassi mozzarella pallid (bocconcini)
- 1/4 tassi musti oliive, viilutatud
- 1/4 tassi punast sibulat, peeneks hakitud
- 1/4 tassi värsket basiilikut, hakitud
- 3 supilusikatäit ekstra neitsioliiviõli
- 2 spl punase veini äädikat
- Sool ja pipar maitse järgi

JUHISED:
a) Sega suures kausis pasta, salaami, kirsstomatid, mozzarellapallid, mustad oliivid, punane sibul ja värske basiilik.
b) Vahusta väikeses kausis oliiviõli, punase veini äädikas, sool ja pipar.
c) Vala kaste pastasegule ja sega, kuni see on hästi kaetud.
d) Enne serveerimist hoia vähemalt 1 tund külmkapis.

23.T ürgi ja jõhvika külma pasta salat

KOOSTISOSAD:
- 2 tassi fusilli või farfalle pastat, keedetud ja jahutatud
- 1/2 naela kalkunirind, keedetud ja kuubikuteks lõigatud
- 1/2 tassi kuivatatud jõhvikaid
- 1/4 tassi pekanipähklit, hakitud ja röstitud
- 1/2 tassi sellerit, peeneks hakitud
- 1/4 tassi punast sibulat, peeneks hakitud
- 1/3 tassi majoneesi
- 2 supilusikatäit Dijoni sinepit
- Sool ja pipar maitse järgi

JUHISED:
a) Segage suures kausis pasta, tükeldatud kalkun, kuivatatud jõhvikad, pekanipähklid, seller ja punane sibul.
b) Sega väikeses kausis kokku majonees, Dijoni sinep, sool ja pipar.
c) Vala kaste pastasegule ja sega, kuni see on hästi kaetud.
d) Enne serveerimist hoia vähemalt 1 tund külmkapis.

24.Külm pastasalat singi ja Cheddariga

KOOSTISOSAD:
- 2 tassi küünarnuki makarone, keedetud ja jahutatud
- 1/2 naela sink, kuubikuteks lõigatud
- 1 tass cheddari juustu, kuubikuteks
- 1/2 tassi kirsstomateid, poolitatud
- 1/4 tassi punast paprikat, tükeldatud
- 1/4 tassi rohelist sibulat, hakitud
- 1/3 tassi majoneesi
- 2 spl hapukoort
- 1 spl Dijoni sinepit
- Sool ja pipar maitse järgi

JUHISED:
a) Segage suures kausis pasta, kuubikuteks lõigatud sink, Cheddari juust, kirsstomatid, punane paprika ja roheline sibul.
b) Sega väikeses kausis kokku majonees, hapukoor, Dijoni sinep, sool ja pipar.
c) Vala kaste pastasegule ja sega, kuni see on hästi kaetud.
d) Enne serveerimist hoia vähemalt 1 tund külmkapis.

25.Kana Caesari külma pasta salat

KOOSTISOSAD:
- 2 tassi penne pasta, keedetud ja jahutatud
- 1 nael grillitud kanarind, viilutatud
- 1/2 tassi kirsstomateid, poolitatud
- 1/4 tassi musti oliive, viilutatud
- 1/4 tassi riivitud parmesani juustu
- 1/4 tassi krutoone, purustatud
- 1/2 tassi Caesari kastet
- Kaunistuseks värske petersell
- Sool ja pipar maitse järgi

JUHISED:
a) Sega suures kausis pasta, grillkana, kirsstomatid, mustad oliivid, parmesani juust ja purustatud krutoonid.
b) Lisa Caesari kaste ja sega, kuni see on hästi segunenud.
c) Kaunista värske peterselliga.
d) Enne serveerimist hoia vähemalt 1 tund külmkapis.

26.Kreeka Orzo pastasalat Gyro lihaga

KOOSTISOSAD:
- 2 tassi orzo pasta, keedetud ja jahutatud
- 1/2 naela güroskoopi liha, viilutatud
- 1 tass kurki, tükeldatud
- 1/2 tassi kirsstomateid, poolitatud
- 1/4 tassi punast sibulat, peeneks hakitud
- 1/3 tassi Kalamata oliive, viilutatud
- 1/2 tassi fetajuustu, purustatud
- 3 supilusikatäit Kreeka kastet
- Kaunistuseks värske pune
- Sool ja pipar maitse järgi

JUHISED:
a) Sega suures kausis kokku orzo pasta, viilutatud güroliha, kurk, kirsstomatid, punane sibul, Kalamata oliivid ja fetajuust.
b) Lisa Kreeka kaste ja sega, kuni see on hästi segunenud.
c) Kaunista värske oreganoga.
d) Enne serveerimist hoia vähemalt 1 tund külmkapis.

27. Rostbiifi ja Cheddari pasta salat

KOOSTISOSAD:
- 2 tassi fusilli pastat, keedetud ja jahutatud
- 1/2 naela rostbiifi, õhukeselt viilutatud ja ribadeks lõigatud
- 1/2 tassi cheddari juustu, kuubikuteks
- 1/4 tassi punast paprikat, tükeldatud
- 1/4 tassi rohelist paprikat, tükeldatud
- 1/4 tassi punast sibulat, peeneks hakitud
- 1/3 tassi kreemjat mädarõikakastet
- Sool ja pipar maitse järgi

JUHISED:
a) Segage suures kausis pasta, rostbiif, cheddari juust, punane paprika, roheline paprika ja punane sibul.
b) Lisage kreemjas mädarõikakaste ja segage, kuni see on hästi kaetud.
c) Maitsesta soola ja pipraga maitse järgi.
d) Enne serveerimist hoia vähemalt 1 tund külmkapis.

28.Peekoni rantšo külm kanapasta salat

KOOSTISOSAD:
- 2 tassi rotini pasta, keedetud ja jahutatud
- 1 nael keedetud kanarinda, tükeldatud
- 1/2 tassi peekonit, keedetud ja purustatud
- 1/2 tassi kirsstomateid, poolitatud
- 1/4 tassi punast sibulat, peeneks hakitud
- 1/2 tassi cheddari juustu, tükeldatud
- 1/3 tassi rantšo kastet
- Kaunistuseks värske murulauk
- Sool ja pipar maitse järgi

JUHISED:
a) Segage suures kausis pasta, tükeldatud kana, peekon, kirsstomatid, punane sibul ja cheddari juust.
b) Lisage rantšo kaste ja segage, kuni see on hästi segunenud.
c) Kaunista värske murulauguga.
d) Enne serveerimist hoia vähemalt 1 tund külmkapis.

29. Itaalia antipasto pasta salat

KOOSTISOSAD:
- 2 tassi kikipastat, keedetud ja jahutatud
- 1/2 naela salaami, viilutatud ja ribadeks lõigatud
- 1/2 tassi provolone juustu, kuubikuteks
- 1/4 tassi musti oliive, viilutatud
- 1/4 tassi rohelisi oliive, viilutatud
- 1/4 tassi röstitud punast paprikat, tükeldatud
- 1/4 tassi artišokisüdameid, tükeldatud
- 1/3 tassi Itaalia kastet
- Kaunistuseks värske basiilik
- Sool ja pipar maitse järgi

JUHISED:
a) Segage suures kausis pasta, salaami, provolone juust, mustad oliivid, rohelised oliivid, röstitud punane paprika ja artišokisüdamed.
b) Lisa Itaalia kaste ja sega, kuni see on hästi kaetud.
c) Kaunista värske basiilikuga.
d) Enne serveerimist hoia vähemalt 1 tund külmkapis.

30. Suitsutatud kalkuni ja avokaado pasta salat

KOOSTISOSAD:
- 2 tassi penne pasta, keedetud ja jahutatud
- 1/2 naela suitsutatud kalkun, kuubikuteks lõigatud
- 1 avokaado, tükeldatud
- 1/2 tassi kirsstomateid, poolitatud
- 1/4 tassi punast sibulat, peeneks hakitud
- 1/4 tassi fetajuustu, purustatud
- 2 spl värsket koriandrit, hakitud
- 2 laimi mahl
- 3 supilusikatäit oliiviõli
- Sool ja pipar maitse järgi

JUHISED:
a) Segage suures kausis pasta, tükeldatud suitsukalkun, kuubikuteks lõigatud avokaado, kirsstomatid, punane sibul, fetajuust ja koriander.
b) Nirista üle laimimahla ja oliiviõliga.
c) Viska, kuni see on hästi segunenud.
d) Maitsesta soola ja pipraga maitse järgi.
e) Enne serveerimist hoia vähemalt 1 tund külmkapis.

31.Grillivorsti ja köögiviljapasta salat

KOOSTISOSAD:
- 2 tassi rotini pasta, keedetud ja jahutatud
- 1/2 naela grillvorst, viilutatud
- 1 tass suvikõrvitsat, tükeldatud
- 1 tass kirsstomateid, poolitatud
- 1/2 tassi punast paprikat, tükeldatud
- 1/4 tassi punast sibulat, peeneks hakitud
- 1/3 tassi balsamico vinegretti
- Kaunistuseks värske basiilik
- Sool ja pipar maitse järgi

JUHISED:
a) Sega suures kausis pasta, grillvorst, suvikõrvits, kirsstomatid, punane paprika ja punane sibul.
b) Lisa balsamico vinegrette ja sega, kuni see on hästi kaetud.
c) Kaunista värske basiilikuga.
d) Maitsesta soola ja pipraga maitse järgi.
e) Enne serveerimist hoia vähemalt 1 tund külmkapis.

32.Krevettide ja avokaado külma pasta salat

KOOSTISOSAD:
- 2 tassi rotini pasta, keedetud ja jahutatud
- 1/2 naela keedetud krevette, kooritud ja tükeldatud
- 1 avokaado, tükeldatud
- 1/2 tassi kirsstomateid, poolitatud
- 1/4 tassi punast sibulat, peeneks hakitud
- 1/4 tassi kurki, tükeldatud
- 2 spl värsket koriandrit, hakitud
- 2 laimi mahl
- 3 supilusikatäit oliiviõli
- Sool ja pipar maitse järgi

JUHISED:
a) Segage suures kausis pasta, keedetud krevetid, kuubikuteks lõigatud avokaado, kirsstomatid, punane sibul, kurk ja koriander.
b) Nirista üle laimimahla ja oliiviõliga.
c) Viska, kuni see on hästi segunenud.
d) Maitsesta soola ja pipraga maitse järgi.
e) Enne serveerimist hoia vähemalt 1 tund külmkapis.

33. Pastrami ja Šveitsi külma pasta salat

KOOSTISOSAD:
- 2 tassi penne pasta, keedetud ja jahutatud
- 1/2 naela pastrami, viilutatud ja ribadeks lõigatud
- 1/2 tassi Šveitsi juustu, kuubikuteks
- 1/4 tassi tilli hapukurki, hakitud
- 1/4 tassi punast sibulat, peeneks hakitud
- 1/3 tassi majoneesi
- 2 supilusikatäit Dijoni sinepit
- Sool ja pipar maitse järgi

JUHISED:
a) Sega suures kausis pasta, pastrami, Šveitsi juust, tilli hapukurk ja punane sibul.
b) Sega väikeses kausis kokku majonees, Dijoni sinep, sool ja pipar.
c) Vala kaste pastasegule ja sega, kuni see on hästi kaetud.
d) Enne serveerimist hoia vähemalt 1 tund külmkapis.

34.Tuunikala ja valge oa külma pasta salat

KOOSTISOSAD:
- 2 tassi fusilli pastat, keedetud ja jahutatud
- 1 purk (15 untsi) valgeid ube, nõrutatud ja loputatud
- 1 purk (5 untsi) tuunikala, nõrutatud ja helvestatud
- 1/2 tassi kirsstomateid, poolitatud
- 1/4 tassi punast sibulat, peeneks hakitud
- 1/4 tassi musti oliive, viilutatud
- 2 spl värsket peterselli, hakitud
- 3 spl punase veini äädikat
- 2 spl oliiviõli
- Sool ja pipar maitse järgi

JUHISED:
a) Segage suures kausis pasta, valged oad, tuunikala, kirsstomatid, punane sibul, mustad oliivid ja petersell.
b) Sega väikeses kausis kokku punase veini äädikas, oliiviõli, sool ja pipar.
c) Vala kaste pastasegule ja sega, kuni see on hästi kaetud.
d) Enne serveerimist hoia vähemalt 1 tund külmkapis.

35.B BQ Kana ja maisi pasta salat

KOOSTISOSAD:
- 2 tassi kikipastat, keedetud ja jahutatud
- 1 nael grillitud kanarind, tükeldatud
- 1 tass maisiseemneid, keedetud (värsked või külmutatud)
- 8 riba peekonit keedetud
- 1/4 tassi punast sibulat, peeneks hakitud
- 1/4 tassi koriandrit, tükeldatud
- 1/3 tassi grillkastet
- 2 supilusikatäit majoneesi
- Sool ja pipar maitse järgi

JUHISED:
a) Segage suures kausis pasta, tükeldatud grillkana, mais, peekon, punane sibul ja koriander.
b) Sega väikeses kausis kokku grillkaste ja majonees.
c) Vala kaste pastasegule ja sega, kuni see on hästi kaetud.
d) Maitsesta soola ja pipraga maitse järgi.
e) Enne serveerimist hoia vähemalt 1 tund külmkapis.

36. Itaalia vorsti- ja paprikapasta salat

KOOSTISOSAD:
- 2 tassi rotini pasta, keedetud ja jahutatud
- 1/2 naela Itaalia vorst, grillitud ja viilutatud
- 1/2 tassi paprikat (erinevat värvi), viilutatud
- 1/4 tassi punast sibulat, peeneks hakitud
- 1/4 tassi musti oliive, viilutatud
- 1/3 tassi Itaalia kastet
- Kaunistuseks värske basiilik
- Sool ja pipar maitse järgi

JUHISED:
a) Segage suures kausis pasta, Itaalia grillvorst, paprika, punane sibul ja mustad oliivid.
b) Lisa Itaalia kaste ja sega, kuni see on hästi segunenud.
c) Kaunista värske basiilikuga.
d) Maitsesta soola ja pipraga maitse järgi.
e) Enne serveerimist hoia vähemalt 1 tund külmkapis.

37.Copycat Ruby teisipäeva pastasalat

KOOSTISOSAD:
- 10 untsi külmutatud herneid
- 1 kilo rotini nuudleid
- ¼ tassi petipiima
- 2 spl rantšo maitseainet
- ½ tl küüslaugu soola
- ½ tl musta pipart
- Parmesan, kaunistuseks
- 2 tassi majoneesi
- 8 untsi sink, kuubikuteks

JUHISED
PASTA SALAT
a) Valmistage rotini nuudlid karbil olevaid juhiseid järgides.
b) Küpsetusprotsessi peatamiseks nõrutage hoolikalt ja loputage külma veega.
c) Pärast loputamist veenduge, et see voolaks väga hästi.

RIIDEMINE
d) Kombineerige majonees, pett, rantšo maitseaine, küüslaugusool ja must pipar.

KOOSTAMA
e) Sega serveerimisnõus pasta, sink ja külmutatud herned.
f) Lisa kaste ja sega, kuni see on ühtlaselt jaotunud.
g) Tõsta vähemalt üheks tunniks külmkappi, et maitsed sulaksid.
h) Segage seda hoolikalt enne serveerimist, riivitud parmesaniga.

38.Juustune Pepperoni Rotini salat

KOOSTISOSAD:
- 1 (16 untsi) pakend kolmevärvilist rotini pasta
- 1 (8 untsi) pakend mozzarella juustu
- 1/4 naela viilutatud pepperoni vorsti
- 1 tass värskeid brokoli õisikuid
- 1 (16 untsi) pudel Itaalia stiilis salatit
- 1 (6 untsi) purk musti oliive, nõrutatud
- riietumine

JUHISED:
a) Keeda pasta vastavalt pakendil olevale juhisele.
b) Hankige suur segamiskauss: visake sinna pasta, pepperoni, brokkoli, oliivid, juust ja kaste.
c) Reguleerige salati maitsestamist ja asetage see 1 h 10 min külmkappi. Serveeri.

39. Gorgonzola pasta salat

KOOSTISOSAD:
- 1 (16 untsi) pakk pennepastat
- 1/2 tassi rapsiõli
- 2 spl rapsiõli
- 1/4 tassi pähkliõli
- 2 C. värske spinat – loputatud, kuivatatud ja hammustussuurusteks tükkideks rebitud
- 1/3 tassi šampanjaäädikat
- 2 supilusikatäit mett
- 1 väike roheline paprika, lõigatud 1-tollisteks tükkideks
- 2 C. murendatud Gorgonzola juust
- 1 C. hakitud kreeka pähklid
- 1 väike punane paprika, lõigatud 1-tollisteks tükkideks
- 1 väike kollane paprika, lõigatud 1-tollisteks tükkideks

JUHISED:
a) Keeda pasta vastavalt pakendil olevale juhisele.
b) Asetage suur pann keskmisele kuumusele. Keeda selles spinatit veepritsiga 2–3 minutit või kuni see närbub.
c) Võtke suur segamiskauss: visake sinna spinat, roheline pipar, punane pipar, kollane pipar ja jahutatud pasta.
d) Hankige väike segamiskauss: segage selles 1/2 tassi rapsiõli, kreeka pähkliõli, äädikat ja mesi. Sega need hästi läbi.
e) Nirista kaste pastasalatile. Lisa kreeka pähklid ja gorgonzola juust ning serveeri.

40. Romano Linguine pastasalat

KOOSTISOSAD:
- 1 (8 untsi) pakend linguine pasta
- 1/2 tl punase pipra helbeid
- 1 (12 untsi) kott brokkoliõisikud, lõigatud suupärasteks tükkideks
- 1/4 tl jahvatatud musta pipart
- soola maitse järgi
- 1/4 tassi oliiviõli
- 4 tl hakitud küüslauku
- 1/2 tassi peeneks hakitud Romano juustu
- 2 supilusikatäit peeneks hakitud värsket lehtpeterselli

JUHISED:
a) Keeda pasta vastavalt pakendil olevale juhisele.
b) Aja pott vesi keema. Asetage auruti peal. Aurutage selles brokkolit kaanega 6 minutit
c) Asetage kastrul keskmisele kuumusele. Kuumutage selles õli. Prae selles küüslauku koos piprahelvestega 2 minutit.
d) Hankige suur segamiskauss: pange sinna praetud küüslaugusegu pasta, brokkoli, Romano juustu, peterselli, musta pipra ja soolaga. Sega need hästi läbi.
e) Reguleerige salati maitsestamist. Serveeri see kohe.
f) Nautige.

41. Minty Feta ja Orzo salat

KOOSTISOSAD:
- 1 1/4 tassi orzo pasta
- 1 väike punane sibul, tükeldatud
- 6 spl oliiviõli, jagatud
- 1/2 tassi peeneks hakitud värskeid piparmündi lehti
- 3/4 tassi kuivatatud pruune läätsi, loputatud ja nõrutatud
- 1/2 tassi hakitud värsket tilli
- soola ja pipart maitse järgi
- 1/3 tassi punase veini äädikat
- 3 küüslauguküünt, hakitud
- 1/2 tassi Kalamata oliive, kivideta ja tükeldatud
- 1 1/2 tassi murendatud fetajuustu

JUHISED:
a) Keeda pasta vastavalt pakendil olevale juhisele.
b) Kuumuta soolaga maitsestatud suur kastrul vesi keema. Küpseta selles läätsi, kuni need hakkavad keema.
c) Alanda kuumust ja pane kaas peale. Keeda läätsi 22 minutit. Eemaldage need veest.
d) Hankige väike segamiskauss: segage selles oliiviõli, äädikas ja küüslauk. Kastme valmistamiseks vahusta need korralikult läbi.
e) Hankige suur segamiskauss: visake sinna läätsed, kaste, oliivid, fetajuust, punane sibul, piparmünt ja till koos soola ja pipraga.
f) Mähi salatikaussi peale kile ja aseta 2 tunniks 30 minutiks külmkappi. Reguleerige salati maitsestamist ja serveerige seda.
g) Nautige.

42. Pähklik Gorgonzola pastasalat

KOOSTISOSAD:
- 2 naela välisfilee otsad, kuubikuteks
- 1/2 tassi punast veini
- 1/2 kollast sibulat, hakitud
- 1 (1,25 untsi) pakk veiseliha sibulasupiseguga
- 2 (10,75 untsi) purki seenesupi kondenseeritud koort
- 2 (16 untsi) pakki munanuudleid
- 1 tass piima

JUHISED:
a) Kuumuta suur pann keskmisel-kõrgel kuumusel ja prae segades veiseliha ja sibulat umbes 5
b) minutit.
c) Samal ajal sega kausis kokku seenesupp, vein, piim ja supisegu.
d) Asetage segu pannile ja laske keema tõusta.
e) Alanda kuumust madalaks ja hauta kaane all umbes 2 tundi.
f) Alanda kuumust madalaimale astmele ja hauta kaane all umbes 4 tundi.
g) Keeda suurel pannil kergelt soolaga maitsestatud keevas vees munanuudleid umbes 5 minutit.
h) Nõruta hästi.
i) Aseta veiselihasegu nuudlitele ja serveeri.

43. Värske sidrunipasta salat

KOOSTISOSAD:
- 1 (16 untsi) pakend kolmevärvilist rotini pasta
- 1 näputäis soola ja jahvatatud musta pipart maitse järgi
- 2 tomatit, seemnetest puhastatud ja kuubikuteks lõigatud
- 2 kurki - kooritud, seemnetest puhastatud ja kuubikuteks lõigatud
- 1 avokaado, tükeldatud
- 1 pigistada sidrunimahla
- 1 (4 untsi) purk viilutatud musti oliive
- 1/2 tassi Itaalia kastet või rohkem maitse järgi
- 1/2 tassi hakitud parmesani juustu

JUHISED:
a) Keeda pasta vastavalt pakendil olevale juhisele.
b) Hankige suur segamiskauss: segage selles pasta, tomatid, kurgid, oliivid, Itaalia kaste, parmesani juust, sool ja pipar. Segage neid hästi.
c) Aseta pasta 1 h 15 minutiks külmkappi.
d) Hankige väike segamiskauss: segage selles sidrunimahl avokaadoga. Viska avokaado pastasalatiga ja serveeri.
e) Nautige.

44. Kolme juustu tortellini salat

KOOSTISOSAD:
- 1 nael kolmevärvilist juustutortellinit, keedetud ja jahutatud
- 1 tass mozzarella juustu, kuubikuteks
- 1/2 tassi fetajuustu, purustatud
- 1/4 tassi riivitud parmesani juustu
- 1 tass kirsstomateid, poolitatud
- 1/4 tassi punast sibulat, peeneks hakitud
- 1/4 tassi värsket basiilikut, hakitud
- 1/3 tassi balsamico vinegreti kastet

JUHISED:
a) Segage suures kausis tortellini, mozzarella, feta, parmesan, kirsstomatid, punane sibul ja värske basiilik.
b) Nirista palsamiviinerit salatile ja sega kokku.
c) Enne serveerimist hoia vähemalt 1 tund külmkapis.

45. Pesto ja päikesekuivatatud tomati Penne salat

KOOSTISOSAD:
- 2 tassi penne pasta, keedetud ja jahutatud
- 1/2 tassi päikesekuivatatud tomateid, tükeldatud
- 1/2 tassi hakitud parmesani juustu
- 1/3 tassi piiniaseemneid, röstitud
- 1 tass beebispinatit
- 1/2 tassi pesto kastet
- Sool ja pipar maitse järgi

JUHISED:
a) Sega suures kausis kokku penne pasta, päikesekuivatatud tomatid, parmesani juust, piiniapähklid ja beebispinat.
b) Lisa pestokaste ja sega, kuni kõik on hästi kaetud.
c) Maitsesta soola ja pipraga maitse järgi.
d) Enne serveerimist jahuta vähemalt 1 tund külmkapis.

46. Cheddari ja brokkoli Bowtie pastasalat

KOOSTISOSAD:
- 2 tassi kikipastat, keedetud ja jahutatud
- 1 tass teravat Cheddari juustu, hakitud
- 1 tass brokoli õisikuid, blanšeeritud ja tükeldatud
- 1/4 tassi punast sibulat, peeneks hakitud
- 1/2 tassi majoneesi
- 2 spl valget äädikat
- 1 spl suhkrut
- Sool ja pipar maitse järgi

JUHISED:
a) Segage suures kausis kikipasta, cheddari juust, brokkoli ja punane sibul.
b) Vahusta eraldi kausis majonees, valge äädikas, suhkur, sool ja pipar.
c) Vala kaste pastasegule ja sega ühtlase kattekihini.
d) Enne serveerimist hoia vähemalt 1 tund külmkapis.

47. Grillitud tofu ja seesami nuudli salat

KOOSTISOSAD:
- 2 tassi soba nuudleid, keedetud ja jahutatud
- 1 plokk eriti kõva tofu, grillitud ja kuubikuteks lõigatud
- 1 tass kirssherneid, blanšeeritud ja viilutatud
- 1/2 tassi hakitud porgandit
- 1/4 tassi rohelist sibulat, hakitud
- 2 spl seesamiseemneid, röstitud
- 1/3 tassi sojakastet
- 2 spl seesamiõli
- 1 spl riisiäädikat
- 1 spl mett

JUHISED:
a) Grilli tofut, kuni sellel on grillimisjäljed, seejärel lõika kuubikuteks.
b) Segage suures kausis soba-nuudlid, grillitud tofu, herned, hakitud porgand, roheline sibul ja seesamiseemned.
c) Sega väikeses kausis kokku sojakaste, seesamiõli, riisiäädikas ja mesi.
d) Valage kaste nuudlisegule ja segage, kuni see on hästi kaetud.
e) Enne serveerimist hoia vähemalt 1 tund külmkapis.

48.Grillitud kammkarbi ja sparglipasta salat

KOOSTISOSAD:
- 2 tassi kikipastat, keedetud ja jahutatud
- 1 nael kammkarbid, grillitud
- 1 tass sparglit, grillitud ja tükeldatud
- 1/4 tassi päikesekuivatatud tomateid, tükeldatud
- 1/4 tassi värsket basiilikut, hakitud
- 3 supilusikatäit ekstra neitsioliiviõli
- 2 sidruni mahl
- Sool ja pipar maitse järgi

JUHISED:
a) Grilli kammkarpe, kuni neil on grillimisjäljed.
b) Grilli spargel pehmeks ja tükelda suupärasteks tükkideks.
c) Segage suures kausis pasta, grillitud kammkarbid, grillitud spargel, päikesekuivatatud tomatid ja värske basiilik.
d) Vispelda väikeses kausis oliiviõli ja sidrunimahl.
e) Vala kaste pastasegule ja sega, kuni see on hästi segunenud.
f) Maitsesta soola ja pipraga maitse järgi.
g) Enne serveerimist hoia vähemalt 1 tund külmkapis.

49.Tuunikala ja artišoki pasta salat

KOOSTISOSAD:
- 2 tassi fusilli pastat, keedetud ja jahutatud
- 1 purk (6 untsi) tuunikala, nõrutatud ja helvestatud
- 1 tass kirsstomateid, poolitatud
- 1/2 tassi marineeritud artišokisüdameid, tükeldatud
- 1/4 tassi musti oliive, viilutatud
- 2 spl kapparit
- 1/4 tassi punast sibulat, peeneks hakitud
- 2 spl värsket peterselli, hakitud
- 3 supilusikatäit oliiviõli
- 2 spl punase veini äädikat
- Sool ja pipar maitse järgi

JUHISED:
a) Segage suures kausis pasta, tuunikala, kirsstomatid, artišokisüdamed, oliivid, kapparid, punane sibul ja petersell.
b) Vahusta väikeses kausis oliiviõli, punase veini äädikas, sool ja pipar.
c) Vala kaste pastasegule ja sega, kuni see on hästi segunenud.
d) Enne serveerimist hoia vähemalt 1 tund külmkapis.

50.Krevettide ja avokaado pasta salat

KOOSTISOSAD:
- 2 tassi penne pasta, keedetud ja jahutatud
- 1 nael keedetud krevette, kooritud ja tükeldatud
- 2 avokaadot, tükeldatud
- 1 tass kirsstomateid, poolitatud
- 1/4 tassi punast sibulat, peeneks hakitud
- 1/4 tassi värsket koriandrit, hakitud
- 2 laimi mahl
- 3 supilusikatäit oliiviõli
- Sool ja pipar maitse järgi

JUHISED:
a) Segage suures kausis pasta, krevetid, avokaadod, kirsstomatid, punane sibul ja koriander.
b) Nirista peale laimimahla ja oliiviõli, seejärel maitsesta soola ja pipraga.
c) Viska, kuni see on hästi segunenud.
d) Enne serveerimist hoia vähemalt 1 tund külmkapis.

51. Suitsulõhe ja tilli pasta salat

KOOSTISOSAD:
- 2 tassi rotini pasta, keedetud ja jahutatud
- 4 untsi suitsulõhet, tükeldatud
- 1/2 tassi kurki, tükeldatud
- 1/4 tassi punast sibulat, peeneks hakitud
- 2 spl kapparit
- 1/4 tassi värsket tilli, hakitud
- 1/3 tassi tavalist kreeka jogurtit
- 1 sidruni mahl
- Sool ja pipar maitse järgi

JUHISED:
a) Sega suures kausis pasta, suitsulõhe, kurk, punane sibul, kapparid ja till.
b) Sega väikeses kausis kokku kreeka jogurt ja sidrunimahl.
c) Valage jogurtisegu pastale ja segage, kuni see on hästi kaetud.
d) Maitsesta soola ja pipraga maitse järgi.
e) Enne serveerimist hoia vähemalt 1 tund külmkapis.

52. Krabi ja mango pastasalat

KOOSTISOSAD:
- 2 tassi farfalle pastat, keedetud ja jahutatud
- 1 nael tükiline krabiliha, üle korjatud
- 1 mango, tükeldatud
- 1/2 tassi punast paprikat, tükeldatud
- 1/4 tassi punast sibulat, peeneks hakitud
- 1/4 tassi värsket koriandrit, hakitud
- 2 laimi mahl
- 3 supilusikatäit majoneesi
- Sool ja pipar maitse järgi

JUHISED:
a) Segage suures kausis pasta, tükiline krabiliha, mango, punane paprika, punane sibul ja koriander.
b) Vispelda väikeses kausis laimimahl ja majonees.
c) Vala kaste pastasegule ja sega, kuni see on hästi segunenud.
d) Maitsesta soola ja pipraga maitse järgi.
e) Enne serveerimist hoia vähemalt 1 tund külmkapis.

53.Troopiliste puuviljade ja krevettide pastasalat

KOOSTISOSAD:
- 2 tassi fusilli pastat, keedetud ja jahutatud
- 1/2 naela keedetud krevette, kooritud ja tükeldatud
- 1 tassi ananassi tükke
- 1 tass mangot, tükeldatud
- 1/2 tassi punast paprikat, tükeldatud
- 1/4 tassi punast sibulat, peeneks hakitud
- 1/3 tassi kookoshelbeid
- 3 spl laimimahla
- 2 supilusikatäit mett
- Sool ja pipar maitse järgi

JUHISED:
a) Sega suures kausis pasta, keedetud krevetid, ananassitükid, mango, punane paprika, punane sibul ja kookoshelbed.
b) Vispelda väikeses kausis laimimahl ja mesi.
c) Vala kaste pastasegule ja sega, kuni see on hästi kaetud.
d) Maitsesta soola ja pipraga maitse järgi.
e) Enne serveerimist hoia vähemalt 1 tund külmkapis.

54.Marja- ja fetapasta salat

KOOSTISOSAD:
- 2 tassi kikipastat, keedetud ja jahutatud
- 1 tass maasikaid, viilutatud
- 1/2 tassi mustikaid
- 1/2 tassi vaarikaid
- 1/2 tassi fetajuustu, purustatud
- 1/4 tassi värsket piparmünti, hakitud
- 3 spl balsamico glasuuri
- 3 supilusikatäit oliiviõli
- Sool ja pipar maitse järgi

JUHISED:
a) Sega suures kausis pasta, maasikad, mustikad, vaarikad, fetajuust ja värske piparmünt.
b) Nirista peale balsamico glasuuri ja oliiviõli.
c) Viska, kuni see on hästi segunenud.
d) Maitsesta soola ja pipraga maitse järgi.
e) Enne serveerimist hoia vähemalt 1 tund külmkapis.

55. Tsitrusviljade ja avokaado pasta salat

KOOSTISOSAD:
- 2 tassi rotini pasta, keedetud ja jahutatud
- 1 apelsin, segmenteeritud
- 1 greip, segmenteeritud
- 1 avokaado, tükeldatud
- 1/4 tassi punast sibulat, peeneks hakitud
- 2 spl värsket koriandrit, hakitud
- 3 supilusikatäit apelsinimahla
- 2 spl laimimahla
- 3 supilusikatäit oliiviõli
- Sool ja pipar maitse järgi

JUHISED:
a) Segage suures kausis pasta, apelsinilõigud, greibitükid, kuubikuteks lõigatud avokaado, punane sibul ja koriander.
b) Vahusta väikeses kausis apelsinimahl, laimimahl ja oliiviõli.
c) Vala kaste pastasegule ja sega, kuni see on hästi kaetud.
d) Maitsesta soola ja pipraga maitse järgi.
e) Enne serveerimist hoia vähemalt 1 tund külmkapis.

56. Arbuusi ja feta pasta salat

KOOSTISOSAD:
- 2 tassi penne- või makaronipastat, keedetud ja jahutatud
- 2 tassi arbuusi, tükeldatud
- 1/2 tassi kurki, tükeldatud
- 1/4 tassi punast sibulat, peeneks hakitud
- 1/2 tassi fetajuustu, purustatud
- 2 spl värsket piparmünti, hakitud
- 3 spl balsamico glasuuri
- 3 supilusikatäit oliiviõli
- Sool ja pipar maitse järgi

JUHISED:
a) Sega suures kausis pasta, arbuus, kurk, punane sibul, fetajuust ja värske piparmünt.
b) Nirista peale balsamico glasuuri ja oliiviõli.
c) Viska, kuni see on hästi segunenud.
d) Maitsesta soola ja pipraga maitse järgi.
e) Enne serveerimist hoia vähemalt 1 tund külmkapis.

57.Mango ja musta oa pastasalat

KOOSTISOSAD:
- 2 tassi farfalle pastat, keedetud ja jahutatud
- 1 mango, tükeldatud
- 1 tass musti ube, loputatud ja nõrutatud
- 1 tass röstitud maisi (valikuline)
- 1/2 tassi punast paprikat, tükeldatud
- 1/4 tassi punast sibulat, peeneks hakitud
- 2 spl värsket koriandrit, hakitud
- 3 spl laimimahla
- 2 spl oliiviõli
- 1 tl köömneid
- Sool ja pipar maitse järgi

JUHISED:
a) Segage suures kausis pasta, tükeldatud mango, mustad oad, mais, punane paprika, punane sibul ja koriander.
b) Vahusta väikeses kausis laimimahl, oliiviõli, köömned, sool ja pipar.
c) Vala kaste pastasegule ja sega, kuni see on hästi kaetud.
d) Enne serveerimist hoia vähemalt 1 tund külmkapis.

58. Õuna- ja pähklipasta salat

KOOSTISOSAD:
- 2 tassi penne pasta, keedetud ja jahutatud
- 2 õuna, tükeldatud
- 1/2 tassi sellerit, peeneks hakitud
- 1/4 tassi kreeka pähkleid, hakitud ja röstitud
- 1/4 tassi rosinaid
- 1/3 tassi kreeka jogurtit
- 2 supilusikatäit majoneesi
- 1 spl mett
- 1/2 tl kaneeli
- Soola maitse järgi

JUHISED:
a) Sega suures kausis pasta, kuubikuteks lõigatud õunad, seller, kreeka pähklid ja rosinad.
b) Sega väikeses kausis kokku kreeka jogurt, majonees, mesi, kaneel ja näputäis soola.
c) Vala kaste pastasegule ja sega, kuni see on hästi kaetud.
d) Enne serveerimist hoia vähemalt 1 tund külmkapis.

59. Ananassi ja singi pasta salat

KOOSTISOSAD:
- 2 tassi kuivatatud pastat, keedetud ja jahutatud
- 1 tassi ananassi tükke
- 1/2 tassi sinki, tükeldatud
- 1/4 tassi punast paprikat, tükeldatud
- 1/4 tassi rohelist sibulat, hakitud
- 1/3 tassi majoneesi
- 2 supilusikatäit Dijoni sinepit
- 1 spl mett
- Sool ja pipar maitse järgi

JUHISED:
a) Segage suures kausis pasta, ananassitükid, kuubikuteks lõigatud sink, punane paprika ja roheline sibul.
b) Sega väikeses kausis kokku majonees, Dijoni sinep, mesi, sool ja pipar.
c) Vala kaste pastasegule ja sega, kuni see on hästi kaetud.
d) Enne serveerimist hoia vähemalt 1 tund külmkapis.

60.Tsitrusviljade pasta salat

KOOSTISOSAD:
- 2 tassi kikipastat, keedetud ja jahutatud
- 1 tass segatud marju (maasikad, mustikad, vaarikad)
- 1 apelsin, segmenteeritud
- 1/4 tassi värsket piparmünti, hakitud
- 2 supilusikatäit mett
- 2 spl apelsinimahla
- 1 spl laimimahla
- Soola maitse järgi

JUHISED:
a) Segage suures kausis pasta, segatud marjad, apelsinilõigud ja värske piparmünt.
b) Vispelda väikeses kausis mesi, apelsinimahl, laimimahl ja näpuotsaga soola.
c) Vala kaste pastasegule ja sega, kuni see on hästi kaetud.
d) Enne serveerimist hoia vähemalt 1 tund külmkapis.

61.Kiivi, maasika ja Rotini pasta salat

KOOSTISOSAD:
- 2 tassi rotini pasta, keedetud ja jahutatud
- 1 tass maasikaid, viilutatud
- 2 kiivit, kooritud ja kuubikuteks lõigatud
- 1/4 tassi mandleid, viilutatud ja röstitud
- 2 spl mooniseemnekastet
- 2 spl kreeka jogurtit
- 1 spl mett
- Soola maitse järgi

JUHISED:
a) Sega suures kausis pasta, viilutatud maasikad, kuubikuteks lõigatud kiivid ja röstitud mandlid.
b) Vispelda väikeses kausis mooniseemnete kaste, kreeka jogurt, mesi ja näpuotsaga soola.
c) Vala kaste pastasegule ja sega, kuni see on hästi kaetud.
d) Enne serveerimist hoia vähemalt 1 tund külmkapis.

62.Mangosalsa Farfalle pastasalatiga

KOOSTISOSAD:
- 2 tassi farfalle pastat, keedetud ja jahutatud
- 1 mango, tükeldatud
- 1/2 tassi musti ube, loputatud ja nõrutatud
- 1/4 tassi punast paprikat, tükeldatud
- 1/4 tassi punast sibulat, peeneks hakitud
- 2 spl värsket koriandrit, hakitud
- 3 spl laimimahla
- 2 spl oliiviõli
- 1 tl köömneid
- Sool ja pipar maitse järgi

JUHISED:
a) Segage suures kausis pasta, tükeldatud mango, mustad oad, punane paprika, punane sibul ja koriander.
b) Vahusta väikeses kausis laimimahl, oliiviõli, köömned, sool ja pipar.
c) Vala kaste pastasegule ja sega, kuni see on hästi kaetud.
d) Enne serveerimist hoia vähemalt 1 tund külmkapis.

63. Virsiku ja Prosciutto pasta salat

KOOSTISOSAD:
- 2 tassi fusilli pastat, keedetud ja jahutatud
- 2 virsikut, viilutatud
- 1/4 tassi prosciutto, õhukeselt viilutatud
- 1/2 tassi mozzarella pallid
- 1/4 tassi punast sibulat, peeneks hakitud
- 3 spl balsamico glasuuri
- 3 supilusikatäit oliiviõli
- Sool ja pipar maitse järgi

JUHISED:
a) Sega suures kausis pasta, viilutatud virsikud, prosciutto, mozzarellapallid ja punane sibul.
b) Nirista peale balsamico glasuuri ja oliiviõli.
c) Viska, kuni see on hästi segunenud.
d) Maitsesta soola ja pipraga maitse järgi.
e) Enne serveerimist hoia vähemalt 1 tund külmkapis.

64.Mustika ja kitsejuustu pastasalat

KOOSTISOSAD:
- 2 tassi penne pasta, keedetud ja jahutatud
- 1 tass mustikaid
- 1/2 tassi kitsejuustu, purustatud
- 1/4 tassi mandleid, viilutatud ja röstitud
- 2 supilusikatäit mett
- 2 spl palsamiäädikat
- 3 supilusikatäit oliiviõli
- Sool ja pipar maitse järgi

JUHISED:
a) Sega suures kausis pasta, mustikad, kitsejuust ja röstitud mandlid.
b) Vispelda väikeses kausis mesi, palsamiäädikas, oliiviõli, sool ja pipar.
c) Vala kaste pastasegule ja sega, kuni see on hästi kaetud.
d) Enne serveerimist hoia vähemalt 1 tund külmkapis.

65. Spinati, herne, vaarika ja spiraalpasta salat

KOOSTISOSAD:
- 8 untsi spiraalset pasta (kolmevärviline või täistera nisu värvi ja toitumise lisamiseks)
- 2 tassi värskeid spinati lehti, pestud ja rebitud
- 1 tass värskeid või külmutatud herneid, blanšeeritud ja jahutatud
- 1 tass värskeid vaarikaid, pestud
- 1/2 tassi fetajuustu, purustatud
- 1/4 tassi punast sibulat, peeneks hakitud
- 1/4 tassi hakitud värskeid piparmündi lehti
- 1/4 tassi hakitud värskeid basiiliku lehti
- RIIDETUD :
- 1/4 tassi oliiviõli
- 2 spl palsamiäädikat
- 1 spl Dijoni sinepit
- 1 spl mett
- Sool ja pipar maitse järgi

JUHISED:
a) Keeda spiraalne pasta vastavalt pakendi juhistele. Nõruta ja loputa külma veega, et see kiiresti maha jahtuks. Kõrvale panema.

VALMISTA KASTE :
b) Sega väikeses kausis kokku oliiviõli, palsamiäädikas, Dijoni sinep, mesi, sool ja pipar. Maitsesta maitse järgi.

KOKKU SALAT:
c) Sega suures segamiskausis keedetud ja jahutatud spiraalpasta, rebitud spinatilehed, blanšeeritud herned, vaarikad, murendatud fetajuust, hakitud punane sibul, piparmünt ja basiilik.
d) Vala kaste salati koostisosadele.
e) Viska salat õrnalt läbi, et kõik koostisosad oleksid kastmega korralikult kaetud. Olge ettevaatlik, et vaarikaid mitte purustada.
f) Kata salatikauss kilega ja pane vähemalt 30 minutiks külmkappi, et maitsed sulaksid.
g) Enne serveerimist viska salatile viimane õrnalt läbi. Soovi korral võid kaunistada täiendavate piparmündilehtede või fetapuistega.

66. Mandariini ja mandli pasta salat

KOOSTISOSAD:
- 2 tassi rotini pasta, keedetud ja jahutatud
- 1 purk (11 untsi) mandariini apelsine, nõrutatud
- 1/2 tassi viilutatud mandleid, röstitud
- 1/4 tassi rohelist sibulat, hakitud
- 3 supilusikatäit riisiäädikat
- 2 spl sojakastet
- 2 spl seesamiõli
- 1 spl mett
- Sool ja pipar maitse järgi

JUHISED:
a) Sega suures kausis pasta, mandariiniapelsinid, röstitud mandlid ja roheline sibul.
b) Vahusta väikeses kausis riisiäädikas, sojakaste, seesamiõli, mesi, sool ja pipar.
c) Vala kaste pastasegule ja sega, kuni see on hästi kaetud.
d) Enne serveerimist hoia vähemalt 1 tund külmkapis.

67. Kammkarbi ja spargli pasta salat

KOOSTISOSAD:
- 2 tassi gemelli pastat, keedetud ja jahutatud
- 1 nael kammkarbid, praetud
- 1 tass sparglit, blanšeeritud ja tükeldatud
- 1/4 tassi päikesekuivatatud tomateid, tükeldatud
- 2 spl piiniaseemneid, röstitud
- 1/4 tassi värsket basiilikut, hakitud
- 3 supilusikatäit ekstra neitsioliiviõli
- 1 sidruni mahl
- Sool ja pipar maitse järgi

JUHISED:
a) Sega suures kausis pasta, praetud kammkarbid, spargel, päikesekuivatatud tomatid, piiniapähklid ja basiilik.
b) Vispelda väikeses kausis oliiviõli ja sidrunimahl.
c) Vala kaste pastasegule ja sega, kuni see on hästi segunenud.
d) Maitsesta soola ja pipraga maitse järgi.
e) Enne serveerimist hoia vähemalt 1 tund külmkapis.

68.Sidruni küüslaugu krevetid ja Orzo salat

KOOSTISOSAD:
- 2 tassi orzo pasta, keedetud ja jahutatud
- 1 nael suured krevetid, keedetud ja kooritud
- 1 tass kirsstomateid, poolitatud
- 1/2 tassi Kalamata oliive, viilutatud
- 1/4 tassi punast sibulat, peeneks hakitud
- 2 spl värsket peterselli, hakitud
- 2 sidruni koor ja mahl
- 3 supilusikatäit ekstra neitsioliiviõli
- Sool ja pipar maitse järgi

JUHISED:
a) Segage suures kausis orzo pasta, keedetud krevetid, kirsstomatid, Kalamata oliivid, punane sibul ja petersell.
b) Sega väikeses kausis kokku sidrunikoor, sidrunimahl, oliiviõli, sool ja pipar.
c) Vala kaste pastasegule ja sega, kuni see on hästi kaetud.
d) Enne serveerimist hoia vähemalt 1 tund külmkapis.

69. Küüslaugu-seene fusilli pirnisalatiga

KOOSTISOSAD:
- 1 pruun sibul
- 2 küüslauguküünt
- 1 pakk viilutatud seeni
- 1 kotike küüslaugu ja ürtimaitseainet
- 1 pakk kerget keedukreemi
- 1 kotike kana puljongipulbrit
- 1 pakk fusilli (sisaldab gluteeni; võib sisaldada: muna, soja)
- 1 pirn
- 1 kott segatud salatilehti
- 1 pakk Parmesani juustu
- Oliiviõli
- 1,75 tassi keeva vett
- Tilk äädikat (balsamico või valge vein)

JUHISED:
a) Keeda veekeetja. Haki pruun sibul ja küüslauk peeneks. Kuumuta suur kastrul keskmisel-kõrgel kuumusel koos rohke oliiviõliga. Küpseta viilutatud seeni ja sibulat aeg-ajalt segades, kuni need on lihtsalt pehmenenud, mis võtab aega umbes 6-8 minutit. Lisa küüslauk ning küüslaugu- ja ürtimaitseaine ning küpseta umbes 1 minut, kuni need lõhnavad.

b) Lisa lahja keedukoor, keev vesi (1 3/4 tassi kahele inimesele), kanapuljongipulber ja fusilli. Segage segu ja laske keema tõusta. Alandage kuumust keskmisele, katke kaanega ja keetke aeg-ajalt segades, kuni pasta on "al dente", mis võtab umbes 11 minutit. Sega läbi hakitud parmesani juust ja maitsesta soola ja pipraga.

c) Pasta küpsemise ajal viiluta pirn õhukesteks viiludeks. Lisage keskmisesse kaussi tilk äädikat ja oliiviõli. Kata kaste segatud salatilehtede ja pirniga. Maitsesta ja sega kokku.

d) Jaga ühepajaline kreemjas seenefusilli kausside vahel. Serveeri pirnisalatiga. Nautige oma maitsvat sööki!

70. Vahemere köögiviljapasta salat

KOOSTISOSAD:
- 2 tassi penne pasta, keedetud ja jahutatud
- 1 tass kirsstomateid, poolitatud
- 1 kurk, tükeldatud
- 1/2 tassi Kalamata oliive, viilutatud
- 1/4 tassi punast sibulat, peeneks hakitud
- 1/2 tassi fetajuustu, purustatud
- 1/3 tassi ekstra neitsioliiviõli
- 2 spl punase veini äädikat
- 1 tl kuivatatud pune
- Sool ja pipar maitse järgi

JUHISED:
a) Sega suures kausis pasta, kirsstomatid, kurk, Kalamata oliivid, punane sibul ja fetajuust.
b) Sega väikeses kausis oliiviõli, punase veini äädikas, kuivatatud pune, sool ja pipar.
c) Vala kaste pastasegule ja sega, kuni see on hästi kaetud.
d) Enne serveerimist hoia vähemalt 1 tund külmkapis.

71.Pesto köögivilja spiraalne pasta salat

KOOSTISOSAD:
- 2 tassi spiraalset pastat, keedetud ja jahutatud
- 1 tass kirsstomateid, poolitatud
- 1/2 tassi artišokisüdameid, tükeldatud
- 1/2 tassi musti oliive, viilutatud
- 1/4 tassi punast sibulat, peeneks hakitud
- 1/3 tassi pesto kastet
- 3 spl riivitud parmesani juustu
- Sool ja pipar maitse järgi

JUHISED:
a) Segage suures kausis pasta, kirsstomatid, artišokisüdamed, mustad oliivid ja punane sibul.
b) Lisa pestokaste ja sega, kuni see on hästi segunenud.
c) Puista salatile riivitud Parmesani juust.
d) Maitsesta soola ja pipraga maitse järgi.
e) Enne serveerimist hoia vähemalt 1 tund külmkapis.

72.Vikerkaare köögiviljapasta salat

KOOSTISOSAD:
- 2 tassi kikipastat, keedetud ja jahutatud
- 1 tass brokoli õisikuid, blanšeeritud
- 1 tass kuubikuteks lõigatud paprikat (erinevat värvi).
- 1/2 tassi kirsstomateid, poolitatud
- 1/4 tassi punast sibulat, peeneks hakitud
- 1/3 tassi Itaalia kastet
- Kaunistuseks värske basiilik
- Sool ja pipar maitse järgi

JUHISED:
a) Segage suures kausis pasta, brokoliõied, paprika, kirsstomatid ja punane sibul.
b) Lisa Itaalia kaste ja sega, kuni see on hästi kaetud.
c) Kaunista värske basiilikuga.
d) Maitsesta soola ja pipraga maitse järgi.
e) Enne serveerimist hoia vähemalt 1 tund külmkapis.

73. Aasia seesami köögiviljade nuudlisalat

KOOSTISOSAD:
- 2 tassi soba nuudleid, keedetud ja jahutatud
- 1 tass lumeherneid, blanšeeritud ja viilutatud
- 1 tass hakitud porgandit
- 1/2 tassi punast paprikat, õhukeselt viilutatud
- 1/4 tassi rohelist sibulat, hakitud
- 2 spl seesamiseemneid, röstitud
- 1/3 tassi sojakastet
- 2 spl riisiäädikat
- 1 spl seesamiõli
- 1 spl mett

JUHISED:
a) Segage suures kausis soba-nuudlid, lumeherned, hakitud porgand, punane paprika, roheline sibul ja seesamiseemned.
b) Sega väikeses kausis kokku sojakaste, riisiäädikas, seesamiõli ja mesi.
c) Valage kaste nuudlisegule ja segage, kuni see on hästi kaetud.
d) Enne serveerimist hoia vähemalt 1 tund külmkapis.

74.Kreeka Orzo köögiviljasalat

KOOSTISOSAD:
- 2 tassi orzo pasta, keedetud ja jahutatud
- 1 tass kurki, tükeldatud
- 1 tass kirsstomateid, poolitatud
- 1/2 tassi Kalamata oliive, viilutatud
- 1/4 tassi punast sibulat, peeneks hakitud
- 1/2 tassi fetajuustu, purustatud
- 3 supilusikatäit Kreeka kastet
- Kaunistuseks värske pune
- Sool ja pipar maitse järgi

JUHISED:
a) Sega suures kausis kokku orzo pasta, kurk, kirsstomatid, Kalamata oliivid, punane sibul ja fetajuust.
b) Lisa Kreeka kaste ja sega, kuni see on hästi segunenud.
c) Kaunista värske oreganoga.
d) Maitsesta soola ja pipraga maitse järgi.
e) Enne serveerimist hoia vähemalt 1 tund külmkapis.

75. Röstitud köögiviljade ja kikerhernepasta salat

KOOSTISOSAD:
- 2 tassi fusilli pastat, keedetud ja jahutatud
- 1 tass kirsstomateid, poolitatud
- 1 tass suvikõrvitsat, tükeldatud
- 1 tass kuubikuteks lõigatud paprikat (erinevat värvi).
- 1/2 tassi punast sibulat, peeneks hakitud
- 1 purk (15 untsi) kikerherneid, nõrutatud ja loputatud
- 3 spl balsamico vinegretti
- 3 supilusikatäit oliiviõli
- 2 spl värsket basiilikut, hakitud
- Sool ja pipar maitse järgi

JUHISED:
a) Sega suures kausis pasta, kirsstomatid, suvikõrvits, paprika, punane sibul ja kikerherned.
b) Sega väikeses kausis kokku balsamico vinegrett, oliiviõli, basiilik, sool ja pipar.
c) Vala kaste pastasegule ja sega, kuni see on hästi kaetud.
d) Enne serveerimist hoia vähemalt 1 tund külmkapis.

76.Spinati ja artišoki külma pasta salat

KOOSTISOSAD:
- 2 tassi rotini pasta, keedetud ja jahutatud
- 1 tass beebispinati lehti
- 1 tass artišokisüdameid, tükeldatud
- 1/2 tassi kirsstomateid, poolitatud
- 1/4 tassi punast sibulat, peeneks hakitud
- 1/3 tassi kreeka jogurtit
- 2 supilusikatäit majoneesi
- 2 spl riivitud parmesani juustu
- 1 spl sidrunimahla
- Sool ja pipar maitse järgi

JUHISED:
a) Segage suures kausis pasta, beebispinat, artišokisüdamed, kirsstomatid ja punane sibul.
b) Sega väikeses kausis kokku kreeka jogurt, majonees, parmesani juust, sidrunimahl, sool ja pipar.
c) Vala kaste pastasegule ja sega, kuni see on hästi kaetud.
d) Enne serveerimist hoia vähemalt 1 tund külmkapis.

77.Tai maapähkli-köögivilja-nuudlisalat

KOOSTISOSAD:
- 2 tassi riisinuudleid, keedetud ja jahutatud
- 1 tass brokoli õisikuid, blanšeeritud
- 1 tass hakitud porgandit
- 1/2 tassi punast paprikat, õhukeselt viilutatud
- 1/4 tassi rohelist sibulat, hakitud
- 1/4 tassi maapähkleid, hakitud
- 1/3 tassi maapähklikastet
- 2 spl sojakastet
- 1 spl laimimahla
- 1 spl mett

JUHISED:
a) Segage suures kausis riisinuudlid, brokoli õisikud, hakitud porgand, punane paprika, roheline sibul ja maapähklid.
b) Sega väikeses kausis kokku maapähklikaste, sojakaste, laimimahl ja mesi.
c) Valage kaste nuudlisegule ja segage, kuni see on hästi kaetud.
d) Enne serveerimist hoia vähemalt 1 tund külmkapis.

78. Caesari köögiviljapasta salat

KOOSTISOSAD:
- 2 tassi kikipastat, keedetud ja jahutatud
- 1 tass kirsstomateid, poolitatud
- 1 tass kurki, tükeldatud
- 1/2 tassi musti oliive, viilutatud
- 1/4 tassi punast sibulat, peeneks hakitud
- 1/4 tassi riivitud parmesani juustu
- 1/4 tassi krutoone, purustatud
- 1/2 tassi Caesari kastet
- Kaunistuseks värske petersell
- Sool ja pipar maitse järgi

JUHISED:
a) Sega suures kausis pasta, kirsstomatid, kurk, mustad oliivid, punane sibul, parmesani juust ja purustatud krutoonid.
b) Lisa Caesari kaste ja sega, kuni see on hästi segunenud.
c) Kaunista värske peterselliga.
d) Enne serveerimist hoia vähemalt 1 tund külmkapis.

79.Homaari ja mango pastasalat

KOOSTISOSAD:
- 2 tassi penne pasta, keedetud ja jahutatud
- 1 nael homaari liha, keedetud ja tükeldatud
- 1 mango, tükeldatud
- 1/2 tassi kurki, tükeldatud
- 1/4 tassi punast sibulat, peeneks hakitud
- 1/4 tassi värsket piparmünti, hakitud
- 2 laimi mahl
- 3 supilusikatäit ekstra neitsioliiviõli
- Sool ja pipar maitse järgi

JUHISED:
a) Segage suures kausis pasta, homaariliha, mango, kurk, punane sibul ja piparmünt.
b) Vahusta väikeses kausis laimimahl, oliiviõli, sool ja pipar.
c) Vala kaste pastasegule ja sega, kuni see on hästi segunenud.
d) Enne serveerimist hoia vähemalt 1 tund külmkapis.

80.Vahemere Tzatziki krevettide pastasalat

KOOSTISOSAD:
- 2 tassi fusilli pastat, keedetud ja jahutatud
- 1 nael keedetud krevette, kooritud ja tükeldatud
- 1 tass kirsstomateid, poolitatud
- 1/2 tassi kurki, tükeldatud
- 1/4 tassi punast sibulat, peeneks hakitud
- 1/3 tassi Kalamata oliive, viilutatud
- 1/2 tassi murendatud fetajuustu
- 1/2 tassi tzatziki kastet
- Kaunistuseks värske till
- Sool ja pipar maitse järgi

JUHISED:
a) Segage suures kausis pasta, keedetud krevetid, kirsstomatid, kurk, punane sibul, oliivid ja fetajuust.
b) Lisa tzatziki kaste ja sega, kuni see on hästi segunenud.
c) Maitsesta soola ja pipraga maitse järgi.
d) Kaunista värske tilliga.
e) Enne serveerimist hoia vähemalt 1 tund külmkapis.

81.Krevettide ja kirsstomatipasta salat

KOOSTISOSAD:
- ¾ naela krevette, keedetud kuni roosaks, umbes 2 minutit ja nõrutatud
- 12 untsi rotini pasta

KÖÖGIVILJAD
- 1 suvikõrvits, tükeldatud
- 2 kollast paprikat, neljandikku
- 10 viinamarjatomatit, poolitatud
- ½ tl soola
- ½ valget sibulat, õhukeseks viilutatud
- ¼ tassi musti oliive, viilutatud
- 2 tassi beebispinatit

KREEMINE KASTE
- 4 spl soolata võid
- 4 spl universaalset jahu
- ½ tl soola
- 1 tl küüslaugupulbrit
- 1 tl sibulapulbrit
- 4 supilusikatäit toitainepärmi
- 2 tassi piima
- 2 spl sidrunimahla

SERVERIMISEKS
- Must pipar

JUHISED
PASTA:
a) Valmistage pasta al dente vastavalt karbil olevatele juhistele.
b) Nõruta ja aseta seejärel kõrvale.

KÖÖGIVILJAD:
c) Asetage pann mõõdukale kuumusele ja lisage veidi õli.
d) Aeg-ajalt segades küpseta suvikõrvitsat, paprikat, sibulat ja soola 8 minutit.
e) Lisa tomatid ja küpseta veel 3 minutit või kuni köögiviljad on pehmed.
f) Lisa spinat ja küpseta umbes 3 minutit või kuni see on närbunud.

KREEMINE KASTE:

g) Sulata potis mõõdukal kuumusel või.
h) Lisa jahu ja vahusta õrnalt ühtlaseks pastaks.
i) Lisa piim ja vahusta uuesti.
j) Klopi juurde ülejäänud kastme koostisosad ja hauta umbes 5 minutit.

KOOSTAMA:
k) Segage serveerimisnõus keedetud krevetid, keedetud pasta, köögiviljad, mustad oliivid ja kreemjas kaste.
l) Kaunista jahvatatud musta pipraga.

82. Pähklik tuunikala ja pasta salat

KOOSTISOSAD:
- 1 pea brokkoli, eraldatud õisikuteks
- 8 suurt musta oliivi, viilutatud
- 1 nael penne pasta
- 1/2 tassi kreeka pähkli tükke, röstitud
- 1 nael värsked tuunikala pihvid
- 4 küüslauguküünt, hakitud
- 1/4 tassi vett
- 2 spl hakitud värsket peterselli
- 2 spl värsket sidrunimahla
- 4 anšoovisefileed, loputatud
- 1/4 tassi valget veini
- 3/4 tassi oliiviõli
- 4 keskmist tomatit, neljaks lõigatud
- 1 nael mozzarella juustu, tükeldatud

JUHISED:
a) Keeda pasta vastavalt pakendil olevale juhisele.
b) Kuumuta soolaga maitsestatud pott vesi keema. Küpseta selles brokkolit 5 minutit. Eemaldage see veest ja asetage see kõrvale.
c) Asetage suur pann keskmisele kuumusele. Segage tuunikala vee, valge veini ja sidrunimahlaga. pane kaas peale ja küpseta neid umbes 8–12 minutit, kuni lõhe on valmis.
d) Paneeri lõhefileed tükkideks.
e) Võtke suur segamiskauss: visake sinna keedetud lõhekala koos brokoli, penne, kala, tomatite, juustu, oliivide, kreeka pähklite, küüslaugu ja peterselliga. Sega need hästi läbi.
f) Asetage suur pann keskmisele kuumusele. Kuumutage selles õli. Lõika anšoovised väikesteks tükkideks. Küpseta neid kuumutatud pannil, kuni need sulavad õlis.
g) Sega segu pastasalati hulka ja sega need korralikult läbi. Serveeri oma pastasalatit kohe.

83.Kana pakkumised ja Farfalle salat

KOOSTISOSAD:

- 6 muna
- 3 rohelist sibulat, õhukeselt viilutatud
- 1 (16 untsi) pakend farfalle (kikilipsu) pasta
- 1/2 punast sibulat, hakitud
- 1/2 (16 untsi) pudelit Itaalia stiilis salatikastet
- 6 kanaliha
- 1 kurk, viilutatud
- 4 Rooma salati südant, õhukeselt viilutatud
- 1 hunnik rediseid, lõigatud ja viilutatud
- 2 porgandit, kooritud ja viilutatud

JUHISED:

a) Pange munad suurde kastrulisse ja katke veega. Küpseta mune keskmisel kuumusel, kuni need hakkavad keema.
b) Lülitage kuumus välja ja laske munadel 16 minutit seista. Loputage mune külma veega, et need kuumuse kaotaksid.
c) Koorige munad ja viilutage, seejärel asetage kõrvale.
d) Asetage kanafilee suurde kastrulisse. Katke need 1/4 tassi veega. Küpseta neid keskmisel kuumusel, kuni kana on valmis.
e) Nõruta kanafilee ja lõika need väikesteks tükkideks.
f) Võtke suur segamiskauss: visake sinna pasta, kana, munad, kurk, redis, porgand, roheline sibul ja punane sibul. Lisage Itaalia kaste ja segage uuesti.
g) Aseta salat 1 h 15 minutiks külmkappi.
h) Aseta salati südamed serveerimistaldrikutele. Jaga salat nende vahel. Serveeri neid kohe.
i) Nautige.

84. Kreemjas Penn Pasta salat

KOOSTISOSAD:
- 1 (16 untsi) karp mini-penne pasta
- 1/3 tassi hakitud punast sibulat
- 1 1/2 naela tükeldatud keedetud kana
- 1/2 (8 untsi) pudelist kreemjat Caesari salatikastet
- 1/2 tassi kuubikuteks lõigatud rohelist paprikat
- 2 kõvaks keedetud muna, tükeldatud
- 1/3 tassi riivitud parmesani juustu

JUHISED:
a) Keeda pasta vastavalt pakendil olevale juhisele.
b) Hankige suur segamiskauss: visake sinna pasta, kana, roheline paprika, munad, parmesani juust ja punane sibul.
c) Lisage kaste ja segage need hästi. Kata kauss kaanega ja aseta 2 tunniks 15 külmkappi
d) minutit. Reguleerige salati maitsestamist ja serveerige.
e) Nautige.

85.Feta ja röstitud kalkuni salat

KOOSTISOSAD:
- 1 1/2 tassi oliiviõli
- 3 tassi keedetud penne pasta
- 1/2 tassi punase veini äädikat
- 1 pint viinamarjatomateid, poolitatud
- 1 spl hakitud värsket küüslauku
- 8 untsi murendatud fetajuust
- 2 tl kuivatatud pune lehti
- 1 (5 untsi) pakend kevadsalati segu
- 3 tassi ahjus röstitud kalkunirinda, paksuks viilutatud ja kuubikuteks lõigatud
- 1/2 tassi hakitud Itaalia peterselli
- 1/2 tassi õhukeselt viilutatud punast sibulat
- 1 (16 untsi) purk kivideta Kalamata oliivid, nõrutatud, tükeldatud

JUHISED:
a) Hankige väike segamiskauss: segage selles oliiviõli, äädikas, küüslauk ja pune. Sega need hästi vinegreti valmistamiseks.
b) Võtke suur segamiskauss: visake sinna ülejäänud koostisosad. Lisage kaste ja segage uuesti. Reguleerige salati maitsestamist ja serveerige seda.
c) Nautige.

86. Pähkliline kanapasta salat

KOOSTISOSAD:
- 6 viilu peekonit
- 1 (6 untsi) purki marineeritud artišokisüdamed, nõrutatud 10 spargliotsa, otsad kärbitud ja jämedalt tükeldatud
- 1/2 (16 untsi) pakki rotini, küünarnuki või penne 1 keedetud kanarind, kuubikuteks lõigatud pasta
- 1/4 tassi kuivatatud jõhvikaid
- 3 supilusikatäit madala rasvasisaldusega majoneesi
- 1/4 tassi röstitud viilutatud mandleid
- 3 spl balsamico vinegretti salatikastet
- soola ja pipart maitse järgi
- 2 tl sidrunimahla
- 1 tl Worcestershire'i kastet

JUHISED:
a) Asetage suur pann keskmisele kuumusele. Küpseta selles peekonit, kuni see muutub krõbedaks. Eemaldage see liigsest rasvast. Murenda see ja aseta kõrvale.
b) Keeda pasta vastavalt pakendil olevale juhisele.
c) Hankige väike segamiskauss: segage selles majoneesi, balsamico vinegrett, sidrunimahl ja Worcestershire'i kaste. Sega need hästi läbi.
d) Hankige suur segamiskauss: visake sinna pasta koos kastmega. Lisa artišokk, kana, jõhvikad, mandlid, purustatud peekon ja spargel, näputäis soola ja pipart.
e) Segage neid hästi. Jahuta salat külmikus 1 h 10 min ja serveeri.
f) Nautige.

87.Kana Caesari pasta salat

KOOSTISOSAD:
- 2 tassi rotini pasta, keedetud ja jahutatud
- 1 nael grillitud kanarind, viilutatud
- 1 tass kirsstomateid, poolitatud
- 1/2 tassi musti oliive, viilutatud
- 1/4 tassi riivitud parmesani juustu
- 1/4 tassi krutoone
- 1/2 tassi Caesari kastet
- Kaunistuseks värske petersell
- Sool ja pipar maitse järgi

JUHISED:
a) Sega suures kausis pasta, grillkana, kirsstomatid, mustad oliivid, parmesani juust ja krutoonid.
b) Lisa Caesari kaste ja sega, kuni see on hästi segunenud.
c) Kaunista värske peterselliga.
d) Enne serveerimist hoia vähemalt 1 tund külmkapis.

88.Kalkuni- ja jõhvikapasta salat

KOOSTISOSAD:
- 2 tassi fusilli pastat, keedetud ja jahutatud
- 1 nael keedetud kalkuni rinnatükki, tükeldatud
- 1/2 tassi kuivatatud jõhvikaid
- 1/4 tassi punast sibulat, peeneks hakitud
- 1/2 tassi sellerit, peeneks hakitud
- 1/4 tassi pekanipähklit, hakitud
- 1/2 tassi majoneesi
- 2 supilusikatäit Dijoni sinepit
- Sool ja pipar maitse järgi

JUHISED:
a) Segage suures kausis pasta, tükeldatud kalkun, kuivatatud jõhvikad, punane sibul, seller ja pekanipähklid.
b) Sega väikeses kausis kokku majonees, Dijoni sinep, sool ja pipar.
c) Vala kaste pastasegule ja sega, kuni see on hästi kaetud.
d) Enne serveerimist hoia vähemalt 1 tund külmkapis.

89.Sidruniürdiga grillitud kanapasta salat

KOOSTISOSAD:
- 2 tassi penne pasta, keedetud ja jahutatud
- 1 nael grillitud kanarind, viilutatud
- 1 tass kirsstomateid, poolitatud
- 1/2 tassi kurki, tükeldatud
- 1/4 tassi punast sibulat, peeneks hakitud
- 1/4 tassi fetajuustu, purustatud
- 2 spl värsket peterselli, hakitud
- 2 sidruni mahl
- 3 supilusikatäit ekstra neitsioliiviõli
- Sool ja pipar maitse järgi

JUHISED:
a) Segage suures kausis pasta, grillkana, kirsstomatid, kurk, punane sibul, fetajuust ja petersell.
b) Vahusta väikeses kausis sidrunimahl, oliiviõli, sool ja pipar.
c) Vala kaste pastasegule ja sega, kuni see on hästi kaetud.
d) Enne serveerimist hoia vähemalt 1 tund külmkapis.

90. Rantšo kana ja peekoni pasta salat

KOOSTISOSAD:
- 2 tassi kikipastat, keedetud ja jahutatud
- 1 nael grillitud kanarind, tükeldatud
- 1/2 tassi kirsstomateid, poolitatud
- 1/4 tassi punast sibulat, peeneks hakitud
- 1/2 tassi peekonit, keedetud ja purustatud
- 1/4 tassi hakitud Cheddari juustu
- 1/2 tassi rantšo kastet
- Kaunistuseks murulauk
- Sool ja pipar maitse järgi

JUHISED:
a) Segage suures kausis pasta, tükeldatud grillkana, kirsstomatid, punane sibul, peekon ja riivitud Cheddari juust.
b) Lisage rantšo kaste ja segage, kuni see on hästi segunenud.
c) Kaunista murulauguga.
d) Enne serveerimist hoia vähemalt 1 tund külmkapis.

91.Karri kana ja mango pasta salat

KOOSTISOSAD:
- 2 tassi suurt spiraalset pastat või farfalle pastat, keedetud ja jahutatud
- 1 nael keedetud kanarind, tükeldatud
- 1 mango, tükeldatud
- 1/2 tassi punast paprikat, tükeldatud
- 1/4 tassi punast sibulat, peeneks hakitud
- 1/4 tassi rosinaid
- 1/4 tassi india pähkleid, tükeldatud
- 1/2 tassi majoneesi
- 1 spl karripulbrit
- Sool ja pipar maitse järgi

JUHISED:
a) Sega suures kausis pasta, tükeldatud kana, mango, punane paprika, punane sibul, rosinad ja india pähklid.
b) Sega väikeses kausis kokku majonees ja karripulber.
c) Vala kaste pastasegule ja sega, kuni see on hästi kaetud.
d) Maitsesta soola ja pipraga maitse järgi.
e) Enne serveerimist hoia vähemalt 1 tund külmkapis.

92. Kreeka kana ja Orzo salat

KOOSTISOSAD:
- 2 tassi orzo pasta, keedetud ja jahutatud
- 1 nael grillitud kanarind, tükeldatud
- 1 tass kirsstomateid, poolitatud
- 1/2 tassi kurki, tükeldatud
- 1/4 tassi punast sibulat, peeneks hakitud
- 1/3 tassi Kalamata oliive, viilutatud
- 1/2 tassi murendatud fetajuustu
- 1/4 tassi värsket peterselli, hakitud
- 3 supilusikatäit Kreeka kastet
- Sool ja pipar maitse järgi

JUHISED:
a) Sega suures kausis kokku orzo pasta, grillkana, kirsstomatid, kurk, punane sibul, Kalamata oliivid, fetajuust ja petersell.
b) Lisa Kreeka kaste ja sega, kuni see on hästi segunenud.
c) Maitsesta soola ja pipraga maitse järgi.
d) Enne serveerimist hoia vähemalt 1 tund külmkapis.

93. Kana ja musta oa pastasalat

KOOSTISOSAD:
- 2 tassi rotini pasta, keedetud ja jahutatud
- 1 nael grillitud kanarind, viilutatud
- 1 purk (15 untsi) musti ube, loputatud ja nõrutatud
- 1 tass maisiseemneid, keedetud (värsked või külmutatud)
- 1/2 tassi punast paprikat, tükeldatud
- 1/4 tassi punast sibulat, peeneks hakitud
- 1/4 tassi värsket koriandrit, hakitud
- 2 laimi mahl
- 3 supilusikatäit oliiviõli
- 1 tl köömneid
- Sool ja pipar maitse järgi

JUHISED:
a) Segage suures kausis pasta, grillkana, mustad oad, mais, punane paprika, punane sibul ja koriander.
b) Vahusta väikeses kausis laimimahl, oliiviõli, köömned, sool ja pipar.
c) Vala kaste pastasegule ja sega, kuni see on hästi segunenud.
d) Enne serveerimist hoia vähemalt 1 tund külmkapis.

94. Mango karri kana pasta salat

KOOSTISOSAD:
- 2 tassi penne pasta, keedetud ja jahutatud
- 1 nael keedetud kanarind, tükeldatud
- 1 mango, tükeldatud
- 1/2 tassi punast paprikat, tükeldatud
- 1/4 tassi punast sibulat, peeneks hakitud
- 1/4 tassi kuldseid rosinaid
- 1/4 tassi india pähkleid, tükeldatud
- 1/2 tassi majoneesi
- 1 spl karripulbrit
- Sool ja pipar maitse järgi

JUHISED:
a) Sega suures kausis pasta, tükeldatud kana, mango, punane paprika, punane sibul, rosinad ja india pähklid.
b) Sega väikeses kausis kokku majonees ja karripulber.
c) Vala kaste pastasegule ja sega, kuni see on hästi kaetud.
d) Maitsesta soola ja pipraga maitse järgi.
e) Enne serveerimist hoia vähemalt 1 tund külmkapis.

95.Caprese kana pesto pasta salat

KOOSTISOSAD:
- 2 tassi farfalle pastat, keedetud ja jahutatud
- 1 nael grillitud kanarind, viilutatud
- 1 tass kirsstomateid, poolitatud
- 1/2 tassi värskeid mozzarella palle
- 1/4 tassi värsket basiilikut, hakitud
- 2 spl piiniaseemneid, röstitud
- 1/3 tassi basiiliku pestot
- 3 spl balsamico glasuuri
- Sool ja pipar maitse järgi

JUHISED:
a) Sega suures kausis pasta, grillkana, kirsstomatid, mozzarellapallid, basiilik ja piiniapähklid.
b) Lisa basiilikupesto ja sega, kuni see on hästi kaetud.
c) Nirista peale balsamico glasuur ja maitsesta maitse järgi soola ja pipraga.
d) Enne serveerimist hoia vähemalt 1 tund külmkapis.

96. Aasia seesami-kana nuudli salat

KOOSTISOSAD:
- 2 tassi soba nuudleid, keedetud ja jahutatud
- 1 nael grillitud kanarind, tükeldatud
- 1 tass hakitud kapsast
- 1/2 tassi hakitud porgandit
- 1/4 tassi punast paprikat, õhukeselt viilutatud
- 1/4 tassi rohelist sibulat, hakitud
- 2 spl seesamiseemneid, röstitud
- 1/3 tassi sojakastet
- 2 spl seesamiõli
- 1 spl riisiäädikat
- 1 spl mett

JUHISED:
a) Segage suures kausis soba-nuudlid, tükeldatud kana, kapsas, porgand, punane paprika, roheline sibul ja seesamiseemned.
b) Sega väikeses kausis kokku sojakaste, seesamiõli, riisiäädikas ja mesi.
c) Valage kaste nuudlisegule ja segage, kuni see on hästi kaetud.
d) Enne serveerimist hoia vähemalt 1 tund külmkapis.

97. Sidruniürdi kalkuni- ja sparglipasta salat

KOOSTISOSAD:
- 2 tassi fusilli pastat, keedetud ja jahutatud
- 1 nael keedetud kalkuni rinnatükki, tükeldatud
- 1 tass sparglit, blanšeeritud ja tükeldatud
- 1/2 tassi kirsstomateid, poolitatud
- 1/4 tassi punast sibulat, peeneks hakitud
- 1/4 tassi fetajuustu, purustatud
- 2 sidruni koor ja mahl
- 3 supilusikatäit ekstra neitsioliiviõli
- 2 spl värsket peterselli, hakitud
- Sool ja pipar maitse järgi

JUHISED:
a) Sega suures kausis pasta, kuubikuteks lõigatud kalkun, spargel, kirsstomatid, punane sibul ja fetajuust.
b) Sega väikeses kausis kokku sidrunikoor, sidrunimahl, oliiviõli, sool ja pipar.
c) Vala kaste pastasegule ja sega, kuni see on hästi kaetud.
d) Kaunista värske peterselliga.
e) Enne serveerimist hoia vähemalt 1 tund külmkapis.

98.Kana ja brokkoli Pesto pasta salat

KOOSTISOSAD:
- 2 tassi penne pasta, keedetud ja jahutatud
- 1 nael grillitud kanarind, viilutatud
- 1 tass brokoli õisikuid, blanšeeritud
- 1/4 tassi päikesekuivatatud tomateid, tükeldatud
- 1/4 tassi piiniaseemneid, röstitud
- 1/2 tassi Parmesani juustu, riivitud
- 1/3 tassi basiiliku pestot
- 3 supilusikatäit ekstra neitsioliiviõli
- Sool ja pipar maitse järgi

JUHISED:
a) Sega suures kausis pasta, grillkana, brokkoli, päikesekuivatatud tomatid, piiniapähklid ja parmesani juust.
b) Lisa basiiliku pesto ja oliiviõli, sega, kuni need on hästi segunenud.
c) Maitsesta soola ja pipraga maitse järgi.
d) Enne serveerimist hoia vähemalt 1 tund külmkapis.

99. Buffalo kana pasta salat

KOOSTISOSAD:
- 2 tassi rotini pasta, keedetud ja jahutatud
- 1 nael keedetud kanarind, tükeldatud
- 1/2 tassi sellerit, peeneks hakitud
- 1/4 tassi punast sibulat, peeneks hakitud
- 1/4 tassi sinihallitusjuustu mureneb
- 1/3 tassi pühvlikastet
- 1/4 tassi rantšo kastet
- Kaunistuseks värske murulauk
- Sool ja pipar maitse järgi

JUHISED:
a) Sega suures kausis pasta, tükeldatud kana, seller, punane sibul ja sinihallitusjuustu purud.
b) Sega väikeses kausis pühvlikaste ja rantšo kaste kokku.
c) Vala kaste pastasegule ja sega, kuni see on hästi kaetud.
d) Kaunista värske murulauguga.
e) Enne serveerimist hoia vähemalt 1 tund külmkapis.

100. Jõhvika-pähkli-kanapasta salat

KOOSTISOSAD:
- 2 tassi farfalle pastat, keedetud ja jahutatud
- 1 nael keedetud kanarinda, tükeldatud
- 1/2 tassi kuivatatud jõhvikaid
- 1/4 tassi kreeka pähkleid, hakitud ja röstitud
- 1/2 tassi sellerit, peeneks hakitud
- 1/4 tassi punast sibulat, peeneks hakitud
- 1/2 tassi majoneesi
- 2 supilusikatäit Dijoni sinepit
- Sool ja pipar maitse järgi

JUHISED:
a) Segage suures kausis pasta, tükeldatud kana, kuivatatud jõhvikad, kreeka pähklid, seller ja punane sibul.
b) Sega väikeses kausis kokku majonees, Dijoni sinep, sool ja pipar.
c) Vala kaste pastasegule ja sega, kuni see on hästi kaetud.
d) Enne serveerimist hoia vähemalt 1 tund külmkapis.

KOKKUVÕTE

Kui jõuame "KÄSITÖÖDE ANTIPASTO SALATITE KOKARAAMAT" lõppu, loodame, et teile meeldis Itaalia, Kreeka ja mujalt pärit antipastosalatite inspiratsiooni avastamine. Alates klassikalistest lemmikutest nagu Caprese salat ja Kreeka salat kuni leidlike loominguteni, mis sisaldavad ootamatuid maitsekombinatsioone ja uuenduslikke koostisosi – need retseptid pakuvad ahvatlevat pilguheit Vahemere rikkalikele kulinaarsetele traditsioonidele.

Soovitame teil katsetada erinevate koostisosade, tekstuuride ja maitsetega, et luua oma antipasto salateid, mis peegeldavad teie isiklikku maitset ja stiili. Vahemere köögi ilu seisneb ju selle lihtsuses, mitmekülgsuses ja värskete hooajaliste koostisosade rõhutamises.

Aitäh, et liitusite meiega sellel maitsval teekonnal. Olgu teie köök täidetud oliiviõli, küüslaugu ja ürtide aroomiga ning iga suupiste antipasto salatit kandku teid päikeseküllasele terrassile, kust avaneb vaade Vahemerele. Head isu!

www.ingramcontent.com/pod-product-compliance
Lightning Source LLC
Chambersburg PA
CBHW070036140526
PP18296000001B/2